第3版

はじめての

課長の教科書

酒井穣

Discover

第3版の発刊によせて

出版業界で「課長ブームの火付け役」といわれる『はじめての課長の教科書』は、初版が２００８年に、第2版が２０１４年に出版されています。本書は、これらに対し、大幅に加筆修正した新版（第3版）です。旧版は、国内外で合わせて20万人以上の方々に読んでいただけるロングセラーとなりました。

その後、私は、多数の企業にて管理職研修を行うことになりました。また本書は、企業における新任管理職研修のテキストとしても利用されています。さらに、多くの研修会社が、本書の記述を参考として管理職研修を作成しています。

大きく変化する時代、このままで良いはずはない

現代の日本は、人類史上かつてない高齢化にみまわれています。増大し続ける社会保障

費、増税、物価高の時代に突入しています。世界情勢の不安も高まってきました。生成AIを筆頭として様々な新技術があふれ、人々の働き方にも大きな変化がみられます。かつて安泰とされた「良い大学に入り、良い企業に入り、定年まで勤め上げる」というキャリア戦略は、いよいよ、通用しないものになりました。

そうした背景を受けて、誰もが焦っています。夢を追い求めるような贅沢ではなく、生き残ることを意識した、より現実的なキャリア戦略が注目されています。とにかく「このままで良い」と考えている人は皆無といっていいでしょう。

このような変化に際しては、注意すべきことがあります。それは「変わらなければならないこと」と「変わってはいけないこと」を整理することです。そして本書は、課長の仕事に関して「変わってはいけないこと」をまとめた結果として、ロングセラーとなり、多くのビジネスパーソンに選ばれてきました。

重要なのではっきりさせておきたいのですが、これは、私の洞察が優れていたからではありません。生まれては消えていく多数のビジネス書の中で、15年以上、淘汰されることなく生き残ってきた事実こそが、本書に「変わってはいけないこと」が書かれている（と考えられている）ことを示しているのです。

そうした意味で、本書には2通りの読み方があります。1つは、無邪気に本書の内容を信じる読み方です。もう1つは、本書の内容を疑っていく読み方です。多くの人が、本書の内容を「変わってはいけないこと」と考えているのは事実です。しかし、多くの人がそう考えているからといって、それが真実であるかどうかは、わかりません。大多数が間違っていることもあるからです。

土台となる管理職の哲学を身につけよう

第3版となる本書が目指しているのは、土台となる管理職の哲学をつくることです。そのために必要となるのは、まず、大多数が「変わってはいけない、管理職の仕事の本質」であると考えている内容を理解することです。その上で、本書の内容を批判的に考えてもらうことを通して、あなただけの管理職としての哲学を生み出していただきたいと思っています。

しつこいですが、本書の内容は、多くの人が「そう思う」という意見の集合であって、客観的な真理とは決して言えないものです。当たり前のことですが、社会がこれだけ大きく変化している時代にあって「こうすれば成功する」というお手軽なマニュアルはありません。

結局のところ、私たちにできることは、課長（管理職）に求められる要件について、大多数が支持する「意見」をヒントとして、自分だけの考え方を「構築しつづける」ことだけです。「変わってはいけないこと」を「構築しつづける」という態度は、矛盾するようですが、これこそまさに哲学です。真理に向かって、自己否定を繰り返すことで永遠に近づこうとする哲学の態度だけが、私たちの人生を前進させます。

まずは、課長の壁を越えられるか

管理職の哲学を考える前提条件として、どうしても避けて通れないのが課長というポストです。そもそも課長になることができなければ、管理職について考えても、その考えたところを実行することはできません。また、課長の仕事について考えていなければ、つまり準備していなければ、課長になることもできません。

組織の中で、課長として成功することができれば、その後のキャリアは大きく展開していきます。ある意味で、課長になってからがキャリアの本番です。しかし現実には、多くのビジネスパーソンが課長の手前で昇進につまずきます（生涯を通して課長以上の地位につける人材は2〜3割といわれています）。課長になれたとしても、その後、活躍してさらに上級職に昇進できるのは（確率論としても）少数です。

多くの人材にとって、課長というポストは、キャリアのボトルネックなのです。大きくみれば、これは、人材として経営者に使われる側から、経営者として人材を使う側になる変化です。包丁として料理人に使われる側から、料理人として包丁を使う側になるためには、料理について学ばなければなりません。

本書が、あなたが料理人として飛躍するための第一歩となることを願っています。

２０２３年10月　宮城県気仙沼にて

酒井　穣

旧版はじめに

課長って、いったい何なのでしょうか。

組織の中で、課長として成功することができれば、さらに輝かしいキャリアを歩むことができるでしょう。

しかし現実には、多くのビジネスマンが課長のすぐ手前で昇進につまずいてしまったり、課長になったとたんに、人材の輝きが失われてしまうケースが少なくありません。どうやらキャリア形成において、課長という地位はボトルネックに当たるようなのです。

強調したいのは、多くのビジネスマンには、人生のうちに一度ぐらいは、課長に近い立場で仕事をするチャンスが訪れるということです。

であるならば、世のビジネスマンたちは、課長として成功するための方法論に、もっと関心を向けるべきだとは思いませんか？

中間管理職向けビジネス書が見あたらない不思議

課長のためのいいテキストはないか、世の中にあふれるビジネス書を広く調べてみたところ、その結果は意外なものでした。

末端社員向けの実務的なノウハウ集や、経営者向けの専門書は多数見つかるのですが、中間管理職一般の仕事について詳しく書かれたビジネス書というのは本当に少ないのです。

さらに経営学の研究者たちの間でも、中間管理職の重要性に注目している人はとても少なく、むしろ中間管理職は組織のフラット化とともに「消え去るべきもの」として攻撃の対象にすらなっているということがわかりました。

この結果を受けて、私にはピンとくるものがありました。

マネジメント理論は、基本的には欧米から輸入されたものです。欧米発信の理論には、当然のことながら、日本企業の「特徴」や「強み」を活かそうという視点はありません。

私は、これまでに日本の企業組織と欧米の企業組織の両方で働いた経験があり、現在は欧州でベンチャー企業を立ち上げ、経営者として活動しています。また私は、ファイナンシャル・タイムズのヨーロッパMBAランキングで8位に選ばれ、オランダ国内のランキングでは常に1位か2位につけている欧州トップクラスのビジネス・スクールを首席（The Best Student Award）で卒業し、マネジメントの理論もそれなりに身につけています。

ゲーテが「外国語を知らない者は、自国語も知らない」と言ったように、欧米の文化の中でインサイダーとして深くビジネスに関わってきた私には、日本の企業組織ならではの強みが見えるのかもしれません。

中間管理職は念頭にない欧米のマネジメント理論

欧米の企業組織では、経営者と従業員は対立する立場であると考えられています。そのため、欧米を中心に開発され、発達してきたマネジメント理論は、企業組織を経営者（＝支配者）と従業員（＝被支配者）に分けて考える二元論をベースにしています。

ですからマネジメント理論では、従業員はあくまで従業員に過ぎず、それを中間管理職と末端社員に分けて考えるという発想はほとんどありません。

英語版ウィキペディアの、中間管理職（Middlemanagement）の項目には、こう書かれてあります。

中間管理職とは、組織における管理職層に属し、その主要な仕事は、部下の活動を監視し、より上位にある管理職のためにレポートを作成することである。

コンピューター技術が発達する以前は、中間管理職は部下から情報を吸い上げて、上層部にそれを報告する役割を果たしていた。しかし安価なパソコンの登場によって、そうした仕事はe-businessによって取って代わられた。この理由により、1980年代から90年代にかけては、何千もの中間管理職がその地位を追われた。


これに対して、多くの日本の企業組織では、「サラリーマン社長」などという日本独特の表現にも見られるとおり、経営者は従業員の延長線上にある存在です。経営者と従業員は、お互いに対立する存在ではありません。

さらに日本では、経営者（＝親分）と従業員（＝子分）の関係ばかりでなく、中間管理職（＝先輩）と末端社員（＝後輩）の師弟関係もはっきりと区別して大切にしてきました。

日本の組織は、経営者、中間管理職と末端社員が相互に助け合うような三元論を基礎にしているのです。

世界に誇るべき
日本型ミドル・アップダウンのマネジメント

専門的な経営学の研究成果としては、ナレッジ・マネジメント分野、及びイノベーション分野の世界的な権威である一橋大学の野中郁次郎教授によるものがあります。

野中教授は、こうした日本の中間管理職の重要性にいち早く気がつかれ、1970年代終わり頃に小型で廉価な複写機「ミニコピア」を開発したキヤノンのケース、1980年代初頭に〝トールボーイ〟と呼ばれるユニークな背の高い車「シティ」を開発したホンダのケース、そして最近では2002年に発売されて大ヒットとなったヤマハの「光るギター」開発のケースなど、多くの成功事例研究から、トップ・ダウンでもボトム・アップでもない「ミドル・アップダウン」という中間管理職のダイナミックな役割を強調する新しいコンセプトを世界に先駆けて完成させています。

このような日本の文化的な背景を無視して、欧米直輸入のマネジメント理論をそのまま日本の企業組織に適用しようとすれば、中間管理職に関する部分が、その日本独特な重要性にも関わらず、スッポリと抜け落ちてしまうでしょう。

しかし、実際に日本のビジネス書は、その多くが欧米のマネジメント理論を基礎としてきた（悪く言えばコピーしてきた）のです。日本で、中間管理職を扱ったビジネス書が極端に少ないのも当然なのです。

近年、日本の企業組織が欧米の企業組織と同じまな板の上で比較され、否定される場面をよく見かけるようになりました。

もちろん、欧米のマネジメント理論には学ぶべきところが多くあることは疑えません。しかし、日本と欧米の企業組織はその成り立ちの背景からして異なり、日本企業には中間管理職という、日本企業ならではの強みがあるという視点を忘れるべきではありません。

それなのに、そんな中間管理職の重要性に着目し、中間管理職のプロになるための方法にフォーカスしたビジネス書が日本にほとんどないという現実……。

これが私にとって、本書を執筆するモチベーションになりました。

本書を執筆するにあたっては、中間管理職の中でも特に、その代名詞ともいえる「課長」に論点を絞りました。

その理由は、先にも触れたとおり、課長がキャリア形成のボトルネックになっているからというばかりではなく、本書の中で詳しく見ていくとおり、課長の仕事は、係長や部長といった他の中間管理職の仕事よりも難しく、かつ重要であると考えているからです。本書は、現在課長として活躍されている方や新任の課長さんはもちろん、いつか課長になりたいと考えている係長クラスの方にこそぜひ読んでいただきたいと思っています。

なぜなら、係長にとって「課長の仕事」とは、課長になってからできるようになれば良いというものではないからです。係長は、課長の仕事を引き受けることができる人材であると広く社内で証明されなければ、その地位に昇進することはできないのです。

この場を借りて本書執筆にあたりお世話になった方々への御礼を述べさせていただきます。

ディスカヴァー・トゥエンティワンの皆様、特に藤田浩芳さんと原典宏さんには、本書の企画から編集、校正や販売のすべてのプロセスにわたって大変お世話になりました。

過去に私の上司であり、指導者でもあったNPS Patent Searches代表取締役CEOのエバート・ナイホフさんには、中間管理職の理想像に関するインスピレーションをたくさんもらい受けました。彼は欧州企業にあって、日本的な中間管理職の本質を理解する稀有な人です。

本書は、彼との「理想の中間管理職」に関する長年のディスカッションなしには完成させることができなかったでしょう。

私が最も尊敬する先輩であり、現在は外資系コンサルティング会社アクセンチュアでシニア・マネジャーとして活躍されている保科学世さんには、コンサルタントとしてのみならず、上司としても数多くの日本の中間管理職と仕事を共にされてきた経験から、具体的に課長として成功するために必要なスキルとキャリア戦略に関する考察を主に助けていただきました。

最後に、いつも私を支えてくれている妻と娘に心より感謝します。

2008年1月　オランダ、フェルトホーヘンにて

酒井　穣

第2版はじめに

本書は、２００８年2月に出版した旧版『はじめての課長の教科書』に、大きな追加修正を行った新版（第2版）です。旧版は、おかげさまで、国内で10万人以上の方々に読んでいただくことができました。

韓国、台湾、中国でも翻訳出版を果たし、アジア各国でも多くの読者に親しんでいただいています。さらに現在は、英語圏での出版に向けて、翻訳作業が進んでいるところです。

韓国版

台湾版

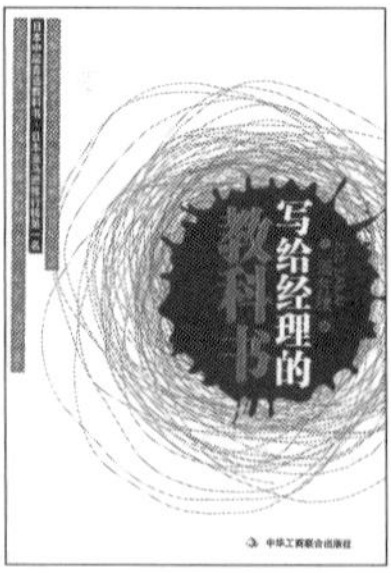

中国版

課長ブームの火付け役

旧版の出版当時、日本の「課長」に焦点を当てたビジネス書は皆無でした。タイトルの頭に「はじめての」という言葉をつけることができたのも、他に「課長」に関するビジネス書が存在しなかったからです。

今では、書店には「課長」を冠した本があふれています。また、日本全国で、旧版をベースとした課長研修が実施されている、という話も聞いています。

ここで強調しておきたいのは、この成功は、筆者である私の功績ではないということです。これは決して謙遜ではありません。

本書がこうした〝課長ブーム〟とも言える現象の火付け役となれたのは、旧版を出版してくれたディスカヴァー・トゥエンティワンが、読者の隠れたニーズを発見することに成功したからだと思っています。

出版業界にとって、当時の私は、経験のない無名の著者にすぎませんでした。そんな私に、前例のないテーマで本を執筆させてくれたのは、編集者が「課長」というテーマの重要性を認識していたからです。私は運良く、その優れた編集者の「網《あみ》」にひっかかったのでした。

そして、影響力のあるブログを管理されている小飼弾さん、著名なビジネス書評家の土井英司さんをはじめ、多くの方々が本書を評価し、応援してくださったことが、旧版が飛躍的に普及した背景にありました。私は、とにかく運が良かったのです。

『課長の教科書2』を執筆しなかった理由

当時の私は、オランダに暮らしていました。オランダのワークシェアリングを活用し、低リスクに、小さな会社を起業し、それを安定的に経営していました。小さな成功に満足し、心のどこかで、そのままオランダに暮らし続けることを考えていたと思います。そんな私にとって、本書の執筆は、小さくまとまりそうな私の人生へのチャレンジでした。

旧版の成功を受けて、多くの出版社から『課長の教科書／実践編』や『課長の教科書2』といった本の執筆を依頼されました。読者からも「もっと課長について知りたい」という声をもらいました。

〝二匹目のドジョウ〟が「課長」という木の下にいることは明らかでした。マーケティングを考えれば、自分を「課長の専門家」として位置づけることが正解であり、テレビやラジオに「課長の専門家」として出演すれば、お金が稼げることは明白でした。

ですが、私はそれをしませんでした。理由は簡単です。それは、私がやらなくても、誰か他の人がやってくれる仕事だったからです。

実際に、旧版の出版以降〝課長本〟というジャンルができるほどに、この分野は充実しました。「課長の専門家」として自らをポジショニングされる方も出てきました。これらは、私である必然性のない仕事であり、私よりも上手にやれる人に任せるべきことです。

人生は、誰にとっても一度きりです。そして、ただ一度の人生を生きた証《あかし》とは「自分が存在する世界」と「自分が存在しない世界」の「差」によってしか表現できません。ですから、限られた時間の中で、私たちが目指すべきなのは、常にオリジナリティーであり、フロンティアの開拓だと思っています。

ただの模倣に価値がないのは当たり前ですが、過去の自分の成功体験に固執する「自己模倣」も、結果として、人生を無駄なものにしてしまうと考えています。いかにそれが自分の生み出したものであったとしても、それを模倣することは惰性であり、自らの人生に対して不誠実であると思うのです。そうしたわけで、私は旧版の出版以降、「課長本」を書いていないのです。

一度きりの人生で何をするべきか

私は、旧版の成功によって「書きたい本を自由に書ける」地位を与えられました。だからこそ私は、自らに「同じテーマでの執筆は行わない」というルールを〝課して〟います。

そうしてこれまで、それぞれにテーマの異なる11冊の本を世に送り出してきました。失敗もありましたが、後悔はありません。様々な分野について掘り下げ、自らと向き合うことができたからです。結果として、私のキャリアも、オランダ時代から、大きく変化することになりました。

私は2009年にオランダから帰国し、東証マザーズに上場しているITベンチャー企業（フリービット株式会社）に参画することになりました。そこで取締役となり、上場企業におけるスケールの大きな経営について実践を通して学びました。

ビジネスの外でも、教育系NPOであるカタリバの理事として、高校生のキャリア教育にコミットしています。そして東日本大震災を受けて、さらに人生を考え直すきっかけを得ました。2013年には、東北をはじめとした地域活性化（組織活性化）を目指し、株式会社BOLBOPを起業しました。現在は、東京と東北を行ったり来たりする日々です。

また、ビジネススクール（事業構想大学院大学）の客員教授として、社会人学生に対して、人的資源管理論を教える立場にもなりました。琉球大学の非常勤講師として、学生のキャリア開発も行っています。

私は今、このタイミングで、旧版の改訂新版を世に送り出すことができるのを、大変嬉しく思っています。なぜならそれは、２００８年当時の自分と真剣に向き合うことであり、また、これからの自分を考えるきっかけだからです。

この新版は、５章構成だった旧版に、多くの追加修正を行った上で、さらに1章を追加して6章構成としています。反響の大きかった社内政治について書いた第3章は、内容を旧版の倍以上にふくらませています。

そして新章として追加した第6章では、成功する課長をファンクショナル・アプローチ（物事の機能に注目して、個々の要素に求められる条件を考えていく手法）によって調査分析し、チェックリストとしてまとめました。経営者の方には中間管理職の評価シートとして、また自らのキャリアを考える若手の方には成長すべき方向の目安として利用していただけたら幸いです。

２０１４年２月　アーツ千代田３３３１にて

酒井 穣

はじめての課長の教科書　目次

第1章 課長とは何か?

第2章

課長の8つの基本スキル

第３章

課長が巻き込まれる３つの非合理なゲーム

第4章

避けることができない9つの問題

第5章

課長のキャリア戦略

第6章

人類史上かつてない高齢化を乗り越えるために

第7章

活躍する課長が備えている5つの機能

第 1 章

課長とは何か？

凡人に非凡な業績を上げさせるのが組織である。

――A・J・ベバリッジ（アメリカの政治家）

会社組織というものは、皆が何気なく理解しているようでいて、実は正しく理解することがとても難しいものです。そこに時代性も入ってくるとなればなおさらです。

現代社会では「課長」という肩書きを聞くことが減ってきていますが、その点についても、本章で考えていきます。

この章では、まず「会社組織での課長とは何か」について、いろいろな視点から考えてみます。

1 課長になると何が変わる?

課長とは、組織によって多少の違いはありますが、組織全体の中堅に位置し、より末端に近い組織構成員(平社員、係長、課長代理、チームリーダーなど)を監督する立場にあるものを指す役職です。

中央省庁の場合であれば課長は構成員10名以上の組織の長、または2係以上の係を統括する責任者ということになります。一般企業ではもう少し小さな組織の責任者でも課長と呼ばれることもあります。

組織によっては「課長」を排《はい》して「グループリーダー」や「マネジャー」といった役職を立てているところもあるでしょう。とはいえ、それは過去の組織が刷新されたからというよりは、単に「課長」という肩書きが持つ古くさいイメージを取り除いただけのことが多いと思われます。本質的には、日本の組織において「課長」というポジションそのものが失われていることはまれです。

昨今、フラットな組織（ティール組織）が話題になることも多くなりました。しかし、人類史というスケールで人間の組織を考えれば、フラットな組織が成功しているケースを見つけるのは困難です。

フラットに発言ができることは重要です。しかし、責任や意思決定までフラットにさせることは（多くの場合）合理的ではありません。例えば、最小限の組織である家庭内において、親子の責任と意思決定を平等にさせることに、同意できるでしょうか？

課長は微妙な立場の管理職

課長の重要な特徴としては、**課長は「予算管理に実質的な責任を持つ管理職」という枠の中では最下位のポジション**であることが挙げられます。

予算管理に責任を持ったことのあるなしは、いうなれば「一国一城の主」になったことのあるなしを示しており、一般に考えられている以上に重要です。金銭管理はビジネスの根幹であり、その実務経験は、ほとんど例外なく予算管理から始まるのです。

多くの企業では、課長は経営者と直接仕事の話をすることができる最下位のポジションでもあります。

経営者とのコミュニケーションの場である予算会議では、経営者に実務の現場で起こっていることを伝えることが課長の大切な職務になります。この中心となるのは資料作りですが、資料作りとはいっても単純なものではなく、経営者が読むに耐える、非常に高度なものだと考えてください。単純化すれば、ビジネスとは、現場情報をお金に変える活動です。そして経営者と現場情報についてコミュニケーションできるのは課長だけなのです。

また、**課長は通常、法的にも管理職として認知される最下位のポジション**です。管理職手当がある代わりに残業代がもらえなかったり、休日出勤の特別手当なども出ないのが普通です（会社によっては残業代抑制のために、実質的には権限のない末端レベルの社員にまで課長や課長に相当する役職だけを与える企業もあるようですが、これは違法行為です）。

さらに、**課長は部下の業績や能力を評価すること（人事査定を行うこと）が正式に認められている最下位のポジション**です。自分のパフォーマンスではなく、部下という他人のパフォーマンスに責任を持つのです。よく言われることですが、部下と課長の仕事には、選手と監督の違いがあります。

確かに、部下も上司を評価するような、いわゆる180度評価や、全社員が上司、部下、同僚のすべてから評価されるような360度評価も日本に定着してきています。

とはいえ、まだ多くの企業では、人事査定は課長以上の役職にある人間が部下に対して一方通行的に行うことが多いでしょう。今後さらに多角的な評価システムが一般化されていくとしても、部下に対する評価のウエイトが最も高いのは上司であることに変わりはないはずです。なぜなら、企業組織というものは、構造的に、株主による独裁的な意思決定を前提としているからです。

最終的な意思決定権のことを主権と言いますが、企業組織の主権は株主にあります。企業組織は、主権が平等に皆に与えられている民主主義とは真逆の構造をしているのです。権限委譲の度合いによって、部下にも予算・評価権限が与えられますが、それが上司の権限を超えることはありません。

係長から課長に出世できるかがキャリアの大きな分岐点

係長にも部下がいますが、直接の人事権はない場合がほとんどです。また、係長には予算責任がない場合が多く、予算会議に出席することもまれでしょう。係長クラスの場合、経営者とのコミュニケーションは稟議書を通して行うのが通常です。残業代や特別手当も係長までは（法的にも）普通に支払われます。

このように、組織における係長というのは、課長のような正式な管理職ではありません。正式な管理職である課長とは仕事内容に相当な開きがあります。そのため、ビジネスパーソンとしては、**係長から課長に出世できるかどうかがキャリア形成におけるひとつの大きな山**になってきます。

転職市場においても、課長クラスを経験しているかどうか、具体的には――

- **予算を管理したことがあるか**
- **予算会議の資料作成と議論を経験しているか**
- **部下の人事査定をしたことがあるか**

――は、ひとつの大切な見極めポイントでもあります。係長までであれば、同じ職場で経験を重ねるだけで、ほとんどの人が到達できます。少子高齢化が進む日本では、係長の肩書きを持つ人のほうが末端社員よりも多いというのも珍しくありません。

課長は、現場のリーダーであると同時に最下層の管理職でもあるので、会社組織にとってはかなり特異な存在です。そして、課長になるには、狭い門を突破する必要があります。

課長の職務内容は係長クラス以下とは大きく異なり、心理的には経営層に共感を覚えることも多いはずです。にもかかわらず、日常業務は現場に席があることがほとんどです。

まさに「板ばさみ」です。

2 課長と部長は何が違う？

係長と課長には、事実上の末端社員と管理職という職制上の明確な違いがあります。しかし、課長と部長にははっきりとした境界線がありません。組織の文化や規模によっても変わってくるでしょう。実際に中小企業やスタートアップでは、課長ポストがなく、末端社員の上がいきなり部長というところも多数あります。

とはいうものの、課長と部長の間にもいくつか無視できない違いがあります。

年齢も能力も幅広い課長の部下

直接の人事権が及ぶ範囲（普段の仕事ぶりを見ている部下の人数）は、課長のほうが部長よりも圧倒的に多いものです。部下の年齢層は、課長の部下は20～50代と非常に広範囲にばらついています。これに対して、部長の部下は課長ですから、30代後半～50代でだいたいシニアクラスに安定しているというのが一般的です。
課長の部下はエース級の人材も問題社員も玉石混交です。また、ベテラン係長などもいるので勤続年数にも大きなばらつきがあります。これに対して部長の部下である課長は、そもそもがエース級の人材のみであり、基本的には粒ぞろいです。

また多くの日本企業では、幹部社員の育成には長期雇用を前提とした手法を採用しており、課長の多くはいわゆる社内の生え抜きなのですから、どうしても部長と課長の関係は長期間行動を共にしてきた仲良しクラブ的なものになります。ここには当然例外もありますが、仮に最近中途採用された課長であったとしても、あえて自分が中途採用であることを強調するように行動する人は少ないはずです。

課長がよく辞める会社というのは、末期的な状況にある会社以外ではあまり聞きませんですが、末端社員、特に若手社員の離職は、もはや採用費として予算に織り込み済みといって良いほど、当たり前のことになりました。部長の仲良しクラブとは対照的に、**課長には「部下とはそもそも辞めるもの」という認識が求められてきている**と思います。

課長にとって、事実上の部下となる人材が、契約社員などの非正社員である状態はもはや完全に普通のものとなりました。しかし部長の場合は、正社員とばかりつながっているというケースがまだ多いでしょう。**課長は、部下・顧客・部長の三方向に目配りをしつつ、**

対立する利害を調整しないといけません。が、部長は基本的に経営者の右腕のような存在なので、係長以下の部下のことは安心して課長に任せつつ、目線はほぼ上向きであることが多いと思われます。

そして「予算」という言葉から感じるイメージですが、課長にとっては「達成しないとならないもの」といったところでしょう。しかし、部長にとっては「人を動かす政治的なツール」というのがリアリティーのある解釈になります。ここについては、第3章でより深く考えてみます。

あえて課長にはない部長の難しさを挙げるとすれば、それは、部長は「自分の専門外の知識を持った部下」を管理監督しなければならない、ということに尽きるでしょう。

現場の知識では、部長は課長にまったく歯が立たないのですから、基本的には「責任は私が取るから、あとは自由にやれ」というスタンスが、部長が課長を導くときの管理手法の主流になります。ただし、経営については部長は課長よりも詳しく理解していることが正当性の大事な部分になってきます。部長が「自由にやれ」というときも、そうした経営の知識・経験によって「自由」の意味する具体的な範囲を限定する必要があります。

課長と部長の違い

	課長	部長
部下の人数	5〜15名程度	3〜5名程度の課長
部下の年齢	20代〜50代と幅広い	30代後半〜50代
部下の勤続年数	短期も長期もいる	長期
部下の能力	ばらつきが大きい	粒ぞろい
非正社員とのつながり	密接	希薄
視線の方向	部下、顧客、部長	経営者、株主
予算	与えられたものを守る	課ごとに割り振る

3 課長と経営者は何が違う？

マネジメントとリーダーシップは、それぞれに意味が異なる言葉です。ですから**優れたマネジャーであっても、優れたリーダーであるとは限らず、また逆に優れたリーダーが必ずしも優れたマネジャーというわけではありません。**

少し長くなりますが、『最高のリーダー、マネジャーがいつも考えているたったひとつのこと』（マーカス・バッキンガム著、日本経済新聞出版）より引用します。

マネジャーの出発点は部下一人ひとりだ。マネジャーは部下の才能、スキル、知識、経験、目標といった要素を観察し、それをもちいて彼らがそれぞれ成功できる将来計画を立てる。マネジャーは、部下一人ひとりの成功に専念する。

リーダーは違ったものの見方をする。リーダーの出発点は、自分が描く未来のイメージだ。よりよい未来こそ、リーダーが語り、考え、反芻し、計画し、練り上げるものだ。このイメージが頭のなかではっきりしたかたちをとって初めて、リーダーはまわりの人々を説得すること――私が思い描く未来で、あなたも成功できる――に関心を向ける。しかしそういった活動のすべてを通じて、リーダーが専念するのは未来である。

この定義をそのまま借りてしまえば、課長とはマネジャーであり、経営者とはリーダーであると言うことができます。

もちろん、これは相当ざっくりとした定義であって、現実の課長には当然リーダーシップも求められますし、逆に経営者にもマネジメントが必要となることは論をまちません。

ただ、マネジメントとリーダーシップという2つの異なる仕事の「混合比率」が、**課長はよりマネジメント寄りで、経営者はよりリーダーシップ寄りである**という具合に考えると、現実をうまく表していると言えそうです。

これは余談になりますが、リーダーシップのほうが、マネジメント力よりも後天的に鍛えることが難しいというのは、知っておいても良いでしょう。リーダーシップに関心がある方は、拙著『リーダーシップ進化論』（中央経済社）を参照いただけると嬉しいです。

4 モチベーション管理が一番大切な仕事

昇進して**課長になるということは、実務の現場における第一線からはほとんど引退し、まったく新しい仕事に就いたと考えるのが自然**です。この点が理解できずに、それまで活躍できていた人材が、課長になったとたんに実力を発揮できなくなるというケースはとても多いと考えられます。

野球で言えば、選手としては代打程度にしか活躍できなくなった人物が、監督を兼任することになったようなものです。繰り返しになりますが、課長への昇進前後において、仕事の内容に大きな差があることは自明でしょう。

当然、予算管理や人事評価などの新しい仕事を学ぶ必要があります。ただ、極端に言い切ってしまうならば、**課長として最も大切なのは「部下のモチベーションを管理する」という仕事**です。社会問題のほとんど全ては、人々のモチベーション管理によって解決されることも、悪化することもあります。周囲を勇気づけ、時には危機感を与えながら、結果としてそれぞれの人生がより豊かになるように行動すべきです。こうした他者のモチベーション管理を行える人材が増えること以上に、いまの日本に求められていることはありません。

モチベーション管理で業績を向上させる

従業員のモチベーションと企業の業績に密接な相関関係があるということは、経営学の世界ではデータによって証明されている疑いのない事実です。特にこうした経営学のエビデンスを参照しなくとも、誰もが、モチベーションとパフォーマンスの相関を、自らの経験を通して知っているはずです。

形式的な成果主義によって外側から圧力をかけて部下を動かそう（＝外発的動機づけ）とするのではなく、部下の内側から湧きあがるモチベーションを刺激（＝内発的動機づけ）することで、部下自らが高い業績に向かっていくようにしたいものです。

部下のモチベーション管理にあたっては、モチベーションを高めることだけではなく、モチベーションを「維持する」という視点がとても重要になってきます。人間の気分には波があるということを理解し、モチベーションが低下している部下へのケアを忘れないようにしなければなりません。

特に、会社の業績がかんばしくないときや、会社の不祥事がマスコミに取り上げられたときなど、会社が危機的な状況にあるときにこそ、課長は部下を勇気づけなければならないのです。

経験の少ない若手というのは、業績がノリノリのときは元気なのですが、業績が少しでも悪くなると必要以上にしょげてしまったりするものです。こうした危機的な状況において、部下と一緒になって飲み屋で愚痴ることが許されているのは、せいぜい係長クラスまででしょう。

非常に大切なことですが、係長クラスまでは、自分のモチベーションを課長以上の上司に管理されています。しかし**課長以上の人材には、自分のモチベーションは自分で管理することが求められる**のです。当たり前ですが、自分のモチベーションさえ自分で管理できない人材には、他者のモチベーションを管理することはできないからです。

しかしそこは人間ですから、常に高いモチベーションで仕事に臨むことは不可能です。だからこそ、自分のモチベーションが低下しているときこそ、パフォーマンスの見せ所とも言えます。究極的には、モチベーションのあるなしに関わらず、高いパフォーマンスを安定して出せるような状態が理想です。私たちの多くは、無意識にも、これを「プロフェッショナル」という言葉の定義としているのではないでしょうか。

とはいえ、部下の多くにとって、パフォーマンスがモチベーションに依存してしまうのが現実です（だからこそ部下の地位にあるのです）。そうした、人間らしい弱さをもった部下のモチベーション管理に関する話はたくさんあるのですが、ひとことで言い切ってしまえば、**部下が「自分は会社に大切にされている」という実感を持って仕事に取り組めるかどうかが最も重要**です。

モチベーションを高めるには、金銭的な報酬に頼ることがいちばん簡単な方法に思われるかもしれません。しかしそれはまったくの誤解です。

モチベーション管理においては、部下を一人の人間として気にかけ、能力だけでなく、もっと人間性に興味を示してやるということが、お金よりも重要です。部下を、目標を達成するための「機能」として考えるのではなく、血の通った尊厳を持った一人の「人間」として扱うことが本質なのです。

部下一人ひとりを徹底的に熟知する

日本オラクルの初代社長として有名な佐野力氏は、部下各人のプロフィール(性格、家庭環境、長所、短所、モチベーションの源泉など)を徹底して熟知しなさいと伝えています。課長は自分の部下のことをできる限り深く理解してやる必要があります。

これは当たり前のことのように思われますが、部下全員のプロフィールを熟知している上司は少ないのが現実です。部下に与えることができる金銭的報酬には、いつだって限界があるでしょう。しかし、**上司が部下を「人間」として大切に思う気持ちに限りはないのですから、それを大切なリソースとして使いたい**ものです。

これは少し極端な例ですが、AESコーポレーションというアメリカの独立系電力会社は「リーダーは部下の下僕である」ということを企業理念としています。この意味するところは、リーダーは部下の求めるところをできる限り正しく理解し、部下が思う存分能力を発揮するための環境整備に「下僕」として献身的に仕えるべしということです。逆転の発想として、覚えておく価値のあるものでしょう。

具体的には、課長は部下の話を――

（1）途中で遮ることなく

（2）最後まで

（3）話が脱線することを認めながら聞く

――必要があります。むしろ、話を脱線させることが重要です。なぜなら、部下の個人的な話は、そうした脱線の先にしかないからです。

個人主義と自己責任論が力を増している現代社会だからこそ、誰もが、自分の話をきちんと聞いてくれる人との関係性に飢えています。そうした**現代社会におけるモチベーション管理では、課長として部下の話をしっかりと聞く態度の重要性が増している**と考えられます。

少し古いデータになってしまう（最新のデータ自体が古い）のですが、社会経済生産性本部メンタル・ヘルス研究所（所長：小田晋）がまとめた『産業人メンタルヘルス白書（2007年版）』によれば「自分の思ったことはすなおに他人に話せる」としている人の割合は、明らかに下降トレンドを示しています。ここからも、部下の話を真剣に聞く課長のニーズが高まっていることがわかるでしょう。

自分の思ったことはすなおに他人に話せる

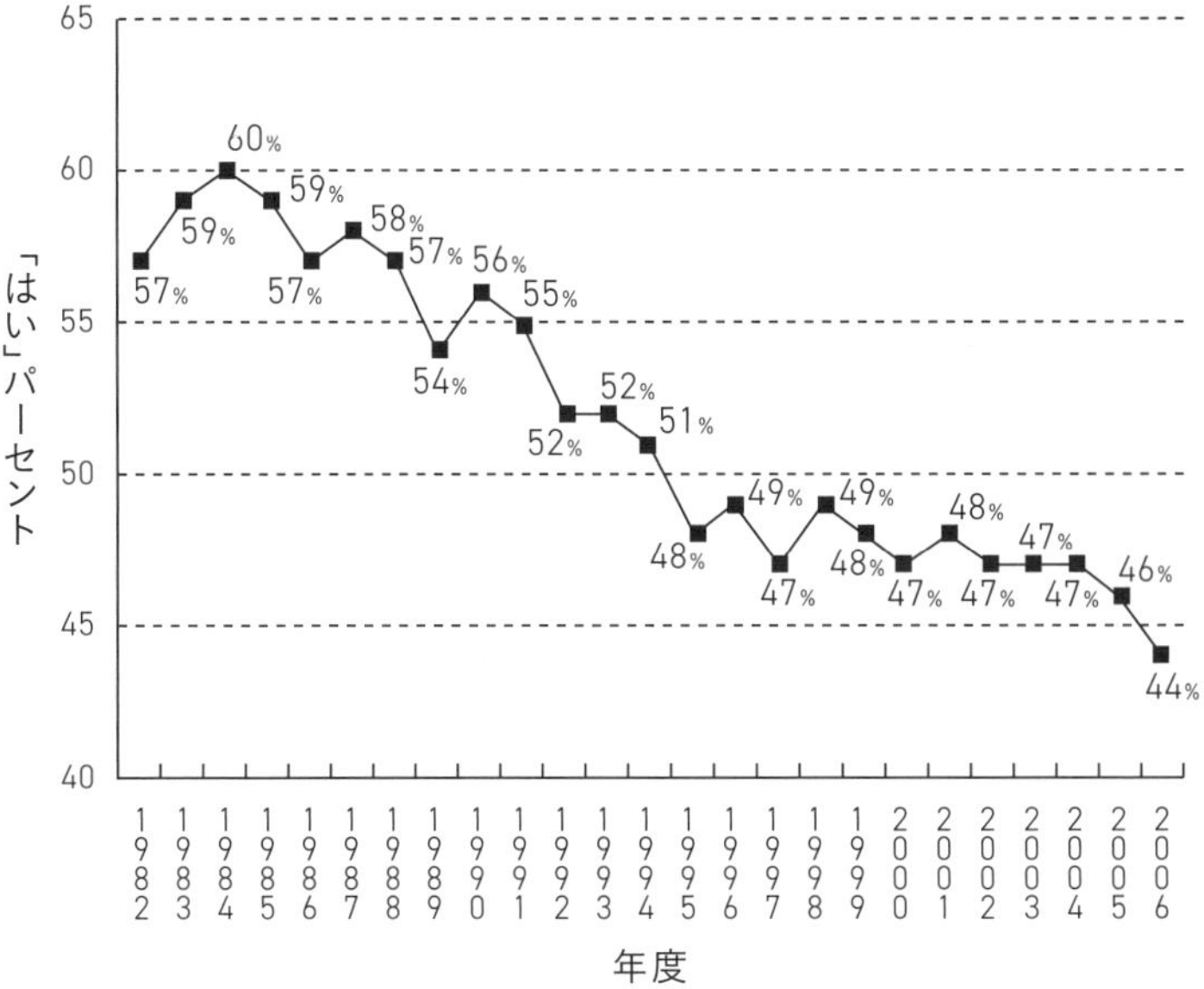
65
60
55
50
45
40
「はい」パーセント
57%
59%
60%
59%
57%
58%
57%
54%
56%
55%
52%
52%
51%
48%
49%
47%
49%
48%
47%
48%
47%
47%
47%
46%
44%
1982
1983
1984
1985
1986
1987
1988
1989
1990
1991
1992
1993
1994
1995
1996
1997
1998
1999
2000
2001
2002
2003
2004
2005
2006
年度

5 成果主義の終わりと課長

いわゆる「成果主義」の導入というのは、日本の人事システムにおける戦後最大の失敗だったかもしれません。

実は、成果主義がうまくいっていないというのは、日本に限ったことではありません。世界の研究者たちの間でも、これに否定的な論文がたくさん提出されています。いまどき、厳しい成果主義だけで人材を管理している企業などありません。ある意味で、数値目標だけで人材を管理できるなら、そんな簡単な話はないわけです。

むしろ、人材管理の難易度は上がり続けています。日本の場合は、少子高齢化による慢性的な労働力不足も背景となり、人材をより大切にする方向が主流になっています。そして、**成果主義に代わる新しい人事制度のもとでは、エンゲージメント（従業員による会社に対する愛着や貢献の意志）というキーワードが注目されており、中間管理職の果たす役割が見直されている**のです。

成果主義に破壊されたチームワーク

日経ビジネスオンラインが実施したアンケート（2007年）では、「成果主義に基づいた人事評価制度は、あなたの仕事への意欲に影響を与えていますか?」という質問に対して「意欲を高めている」と答えた人はわずかに18・0%、逆に「意欲を低めている」という人が41・4%という結果でした。

仮に、成果主義にもなんらかのメリットがあるとすれば、それは的確なフィードバックによる個人の成長でしょう。しかし「決められた期間における目標達成度（成果）を評価されることは、あなたの成長に結びついていますか?」という質問については、「結びついていると思う」と答えた人が25・5%、「結びついていないと思う」と答えた人はなんと59・2%だったとのことです。

成果主義が失敗した一番の原因は、社員を熱い血の通った人間としてではなくて、あたかも冷たい機械であるかのようにして扱うことを前提としていたことです。

成果主義では、測定可能な「量」としての数値目標を立てることが必要とされています。

しかし、会社への貢献とは、「職場の雰囲気を明るくする能力」のように、重要なものに限って、それを数値として測定することが難しい質的価値であったりします。

そして、**現代の企業における仕事というのは、個人で完結させられるような性格のものではなくて、本質的にチームワークを前提とした団体戦**です。

サッカーのチームに例えるなら、ストライカーのように成果が「得点」という形で数値に表れる人と、チーム専属の心理カウンセラーのように成果を数値として測定することが難しい仕事をしている人がいます。どちらも同じチームで頑張る仲間で、同じ目標に向かって異なる努力をしています。

そこを成果主義ということで、ストライカーにばかり報酬を与えていれば、チーム内に不公平感が広がり、嫉妬がうずまき、皆がストライカー的な仕事ばかりを希望するようになります。こうしてチームワークそのものが、成果主義によって壊されてしまうのです。

ただ、これを逆から読めば、チームワークのいらない組織では、成果主義が成立する可能性もあります。はっきりしているのは、営業代行（代理店営業）を軸とする営業会社の多くは、成果主義を通して業績を上げているという事実です。これは、数字として成果が出ない人が会社を辞めていくことを容認する経営スタイルです。ただ、深刻化する労働力不足を受けて、こうした企業であっても、成果主義だけでの人材管理には無理が出てきていると聞きます。

成果主義はなぜ流行したのか？

どうしてこのような欠陥のある成果主義が、世界でこれほどまでに流行してしまったのでしょうか。その背景にあるのは**「労働の多様化」**です。

一昔前までは「隣の部署は何をしているかよくわからない」などと言ったものでした。しかし現代は「隣の席に座る人がどこの会社の人で、何をしているのかすらよくわからない」という時代なのです。

職場にいる同僚のほとんどが、勤続年数の長い正社員であった時代は終わりました。現代のビジネスの現場では、正社員以外にも、社外からの出向、派遣社員、アウトソース、嘱託社員、プロジェクトベースの短期契約請負など、従業員の雇用形態が多様化してきています。そして、この流れはダイバーシティ経営という名のもと、加速しています。

実際に日本でも非正規雇用者（パート、アルバイト、契約社員や派遣社員）の全労働者に対する割合が２００５年の時点ですでに3割を超え、２０２２年の時点では36・9％と4割に迫る勢いです。いずれは過半数を超えるだろうとも言われています。

人材こそがビジネスの要であることは今も昔も変わりません。それどころか、人材の重要性は近年ますます高まるばかりです。しかし、**社内の人材があまりに多様化した現代においては、人事部や経営者からすれば、とても社員一人ひとりに目が行き届かない**のです。一人ひとりの人材を「人間」として見るのではなく、「機能」としてその成果だけを問うようなシンプルな人事管理手法が求められた背景はここにあります。「黒でも白でもネズミを捕るネコは良いネコだ」とばかりに、結果を出す人材は良い人材というわけです。

確かに、明確な目標を設定し、目標をどれくらい達成したかに応じて、金銭や昇進などのインセンティブを与えるという方法は、短期的な成果を上げるには効果の高い方法です。しかしそれは「仕事のプロセス」への配慮と、社員の人間としての感情を犠牲にしてやっと得られる果実なのです。

長期にわたって「金が欲しいんだろ、ほらよ」、「地位が欲しいんだろ、ほらよ」というような経営をすれば、いずれは従業員の心は廃《すた》れ、会社は必ず崩壊するでしょう。繰り返しになりますが、**従業員は目標を達成するための「機能」ではなくて、尊厳を持った「人間」であるという、当然の視点が、今また求められている**のです。

新しい人事制度で見直される課長の役割

もちろん人事部で働く人々もプロですから、こうした成果主義の問題は十分に研究され、従来の成果主義はその姿を変えてきています。成果主義には多くの問題がありますが、それは「ライト兄弟が作った未完成の飛行機がうまく飛ばなかった」というのと同じ意味で、前向きな失敗だったのです（その被害は大変なものでしたが）。

新たに採用されつつある人事制度では、末端社員の「面倒」はほぼ完全に課長レベルの人材に任せられます（ジョブ型人事による職務要件の定義として）。そして**課長以上の管理職に対してのみ、引き続き成果主義を適用し、一般従業員については、成果よりもプロセスで評価しつつ、その成果には金銭や昇進以外の方法でも応える**という方向に向かっています。

ここで、課長には変わらず成果主義が適用され「機能」として見られることに注意してください。詳細は第7章で考えますが、課長以上のポストにつく人には、やはり厳しい結果責任が求められることに変わりはないのです。

これは、株主による経営者の評価が成果のみで行われることで、今も昔も変わりなく固定していることからも明らかです。**経営者が純粋に経営成績のみで評価される以上、ポス**

トが上に上がるほどに、人事評価は成果主義にならざるを得ないのです。

従業員の成果に対する新しいインセンティブとしては、シャープや日本航空が現場の熟練技術者に与える「匠《たくみ》」の称号、文具大手のコクヨが一人前と認めた若手に贈る「新人メンター（指導者）認定制度」、IT系ベンチャーなどで採用が広がっている「業績に応じたインセンティブ有給休暇」など、企業ごとに特色の異なるものが出てきています。

新しい人事制度においては、課長は昔ながらの家族的な方法で部下をまとめることを期待されています。**同時に課長には、昔以上の厳しい成果が求められる**ことになります。なんとも理不尽に感じられるかもしれませんが、こうした矛盾を受け入れられるのは、人間ならではの力です。

この状態は、課長を**「社内ベンチャーの社長」**として捉え直すようなものです。この新しい制度では、部長や経営者はベンチャー企業の株主やオーナーの役割に近くなります。

新時代の人事管理という側面から企業を考えると、**これからはまさに「課長の時代」**だと言ってもいいすぎではないでしょう。

6 価値観の通訳としての課長

課長の大きな役割のひとつに、異なる価値観を持つ世代間の「通訳」となることが挙げられます。

会社組織というものは、ピラミッドの下から上に行くに従って、年齢が高くなるものです。誤解が多いのですが、年功序列は（もちろん程度の差はあるものの）、世界中の企業に見られる傾向であって、決して日本だけの特殊なシステムではありません。

最近は日本でも、若くして経営者にまで上りつめる人が増えてきましたが、まだまだそういうケースは例外です。数だけみれば、若者の起業も増えていることもあって、経営者を名乗る人の若年化は観察できるかもしれません。ただ、統計的にみれば、日本の社長の平均年齢は60・4歳（2022年）です。

若手を経営者に抜擢するような人事は、なによりも、追い抜かれることになった従業員のモチベーション管理が難しいことが問題です。人間は面子《メンツ》を大切にする生き物であり、この問題への解決策が存在しない以上、ある程度までは「年功序列」が昇格人事の基本となることは、日本では今後も大きくは変わらないでしょう（ただし、定年した人材の再雇用によって高齢の部下が増えることは確実です）。

そんな年功序列を課長の立場から考えてみると、末端社員や係長などの自分の部下となる人々は、若くて新時代的な価値観をリードしていることが多いでしょう（再雇用の高齢者も、ある意味で、高齢化社会の価値観を代表しています）。これに対して、部長や役員など上司となる人々は、年上で旧世代的な価値観を守っていることが多いという現実が見えてきます。

ときに部長と末端の新入社員というのは、親子ほどの年齢差があるものです。当然、その価値観の違いたるや想像を絶するものがあります。**課長は世代間で異なる価値観がぶつかる場所に位置しているの**であり、そうした異なる価値観をそれぞれに理解するだけでなく、**異なる価値観の「通訳」**であることが期待されています。

映画『もののけ姫』から課長の役割を学ぶ

宮崎駿監督のアニメ映画『もののけ姫』はご覧になったでしょうか。主人公アシタカが、森を切り開く「人間」と、森を守ろうとする「もののけ」の中間的立場に立ち、双方異なる価値観のはざまで孤独に奮戦する姿は感動的でした。このアシタカが見せた活躍は、現代の課長を理解するためのヒントを提供してくれます。

現代の日本において、課長の上司となる世代は「自らを犠牲にしてでも会社の業績に貢献する」という滅私奉公的な姿勢を大切にしていることが多く、顧客をほとんど神様のようにして尊重するものです。「体育会系」と言われるような序列を守りたがり、敬語の使い方、文書の形式や名刺交換の仕方から会議室での席順まで、ビジネス・マナーにも大変うるさい傾向があります。残業はもちろん、休日出勤も当たり前です。守旧という意味では、彼らは『もののけ姫』における「もののけ」です。

逆に、若い世代の人材は、リストラの悲劇などを聞かされて育ってきたため、会社というものを冷めた目で見ています。古い世代が大切にするような自己犠牲的な献身を、大げさに言えば軽蔑さえしています。こうした**若い世代が、上司に自己犠牲的な健気さを見せるのは、ホンネを隠したアピールと見たほうが無難**です。

若い世代は簡単に会社を辞めますし、嫌なことでも我慢をして遂行するということにあまり慣れていません。努力の量に対する利得（いわゆるコスパ）にも敏感です。仕事やキャリアに関するアドバイスを得るのは、同じ会社の上司や先輩からではなくて、ネット上にある排他的な匿名のコミュニティからだったりします。

大切なのは、若い世代が間違っているというわけではなくて、単純に、育ってきた環境が上の世代とは異なるということです。若い部下からすれば課長も旧世代の人間に属します。古い価値をかえりみることなく、新たな世界を切り開こうとする若い世代は、『もののけ姫』において森を開墾する「人間」に相当します。

そして『もののけ姫』にも描かれている通り、未来を形成するのは、常に新しい世代です。**若い世代の価値観を否定するのではなく、その世代と共存していくことを学ぶ必要があります。**いつまでも古い価値観にばかり囚われていては、破滅してしまいます。変化すべき方向の多くは、古いものから新しいものであることが普通でしょう。

「価値観の共通点」を軸にコミュニケーションする

異なる価値観を持つ世代がまとまるために必要なのは、どの世代でも変わらない「価値観の共通点」を軸に、世代を超えた議論をすることです。そうした「共通の価値観」として有効だと思われるのが**「顧客第一主義」**です。より経営学的に言うなら、マーケットイン（市場のニーズに合わせること）の態度です。

変化が激しい時代だからこそ、先はなかなか読めません。自分の思い込みを排して、マーケットに受け入れられる商品こそ正解と考えるべき時代です。「どうして顧客にわかってもらえないのか？」と考えるのではなく「自分は顧客の何がわかっていないのか？」と問わなければなりません。

部長に「近頃の若い世代は理解できない」などと言われたら、若者なりに顧客のことを真剣に考えていることを伝えます。逆に若手から部長や役員への苦言が出たら、旧世代は旧世代なりに顧客のことを考えていることを伝えると良いでしょう。**顧客のことを大切に思う気持ち（顧客を理解しようとする態度）は、新旧世代のどちらでもカギとなる大切なもの**です。ここから、新旧世代は歩み寄れるはずです。

特にB2Bビジネスを展開している場合、顧客の意思決定を担うのは旧世代が多くなることは意識しておくべきでしょう。若手の理屈は、いかにそれが斬新であったとしても、そのままでは顧客には刺さらない可能性が高くなるわけです。若手に対しては、社内の旧世代さえ説得できない提案は、そうした旧世代が牛耳っている顧客にも刺さらないことを理解してもらう必要があります。

なお、係長クラスの人材には課長よりも年配の方がいる場合もありますが、こうしたベテラン係長には価値観の通訳を助けてもらえることがあります。また昨今では定年退職後の再雇用人材にも、同様にして、価値観の通訳を担ってもらう必要があります。

顧客のニーズはひとつでも、世代によってそれを「見る角度」はまったく違うものです。どちらかが間違っているということではなく、こうした異なる見方があってこそ、様々な顧客の期待に応えられる組織になれると考えるべきでしょう。だからこそ、ダイバーシティが求められているのです。**多様な価値観を持った人材がひとつのチームを組むからこそ、物事を多角的に見ることが可能になります。**

ここで、どうしても若手にも知っておいてもらいたいことがあります。それは、この世界は合理的にはできていないということです。ですから、ただ合理的なだけのソリューションは、顧客のニーズに合致しないことの方が多いのです。非合理の塊である人間のニーズは、合理的な思考からだけでは、決して読みきれません。

あなたの自宅には、インターネット回線が引かれているでしょう。それを提供しているのは、インターネット・サービス・プロバイダ（ISP）です。断言しますが、今、あなたが利用しているISPよりも、より安くて高品質な回線を提供している別のISPが存在します。それでもなぜ、あなたは、自宅のISPを切り替えないのでしょう。あなたは、合理的でしょうか。より安くて高品質な商品は、それだけで売れるでしょうか?

このように、**異なる価値観を持った新旧世代の間に立って、それらをひとつのビジョンにまとめあげていくことが、課長にとって大切な仕事**です。それは、この複雑で非合理な社会を生き抜くために必要なダイバーシティを管理するということなのです。

新世代と旧世代の価値観の差は、管理すべきダイバーシティのほんの一部にすぎません。若手が、そんなちょっとした価値観の相違に直面した程度でモチベーションを落とさぬよう、意識して指導しなければなりません。

7 課長は情報伝達のキーパーソン

末端社員が現場で入手したホカホカの情報は、上司への報告という形で経営者にまで伝わります。その情報伝達のキーパーソンとなるのが課長です。情報伝達の過程では、係長↓課長↓部長とそれぞれの段階で不必要な情報はフィルタリング（除去）され、現場情報の量は、役職の段階ごとに少なくなっていきます。

これとはちょうど対照的に、経営者が持つ経営情報は、上司から部下への「指示」や「通達」という形で部下に伝わっていきます。経営情報も、それぞれの段階で不必要なものがフィルタリングされるので、現場情報と経営情報をグラフで表すと、それらはちょうど逆向きの形になります。

現場情報と経営情報はビジネスにおける情報の要です。互いに無関係ではありませんから、これら2つのグラフを重ねてみます。すると左ページのようなグラフができ上がります。

会社内での情報の流れ

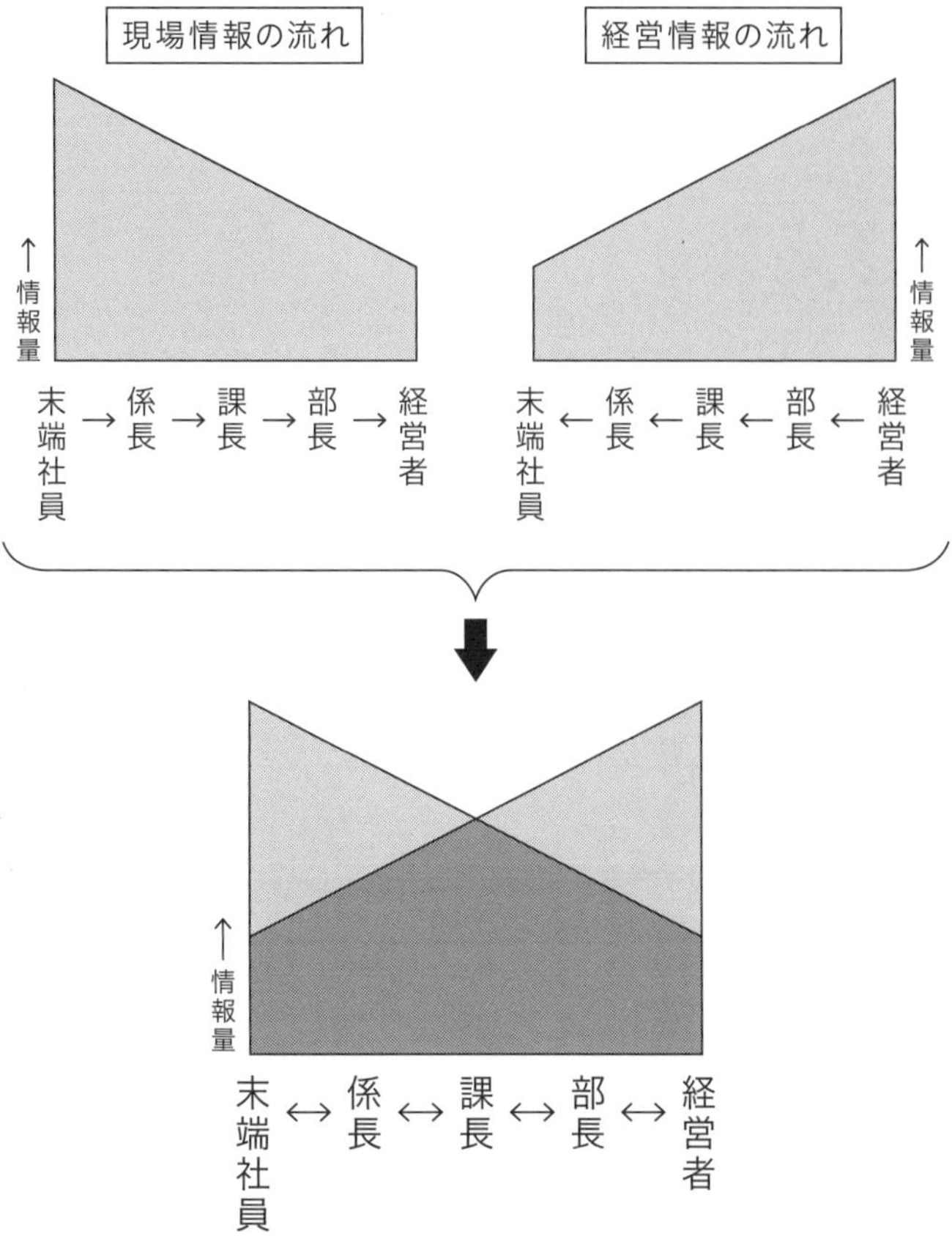

現場情報と経営情報はバランス良く課長に集まる

このグラフからわかるのは――

(1) 課長のところで経営情報と現場情報は交差し

(2) 社内の情報は課長に向かって集まり

(3) 課長は現場情報と経営情報をバランス良く持っている

――ということです。

この観察はかなり大雑把なものですが、現実の会社組織を理解するためには十分に役立つものです。同じモデルを用いてもう少し組織に関する考察を進めてみます。

「風通しの良い組織」では、情報の取捨選択が個人に任される

いわゆる「風通しの良い組織」というのは、より多くの情報が流れる組織のことです。「フィルタリングによる情報量の減少が少ない組織」と考えてもいいでしょう。

「風通しの良い組織」では、現場情報も経営情報も相互にたくさん飛び交っており、役職にあまり関わりなく社員の皆が同じぐらいの量の情報を持っています。このため、社内での意思疎通は簡単ですが、個々人の情報処理の量は増えることになります。この場合は、

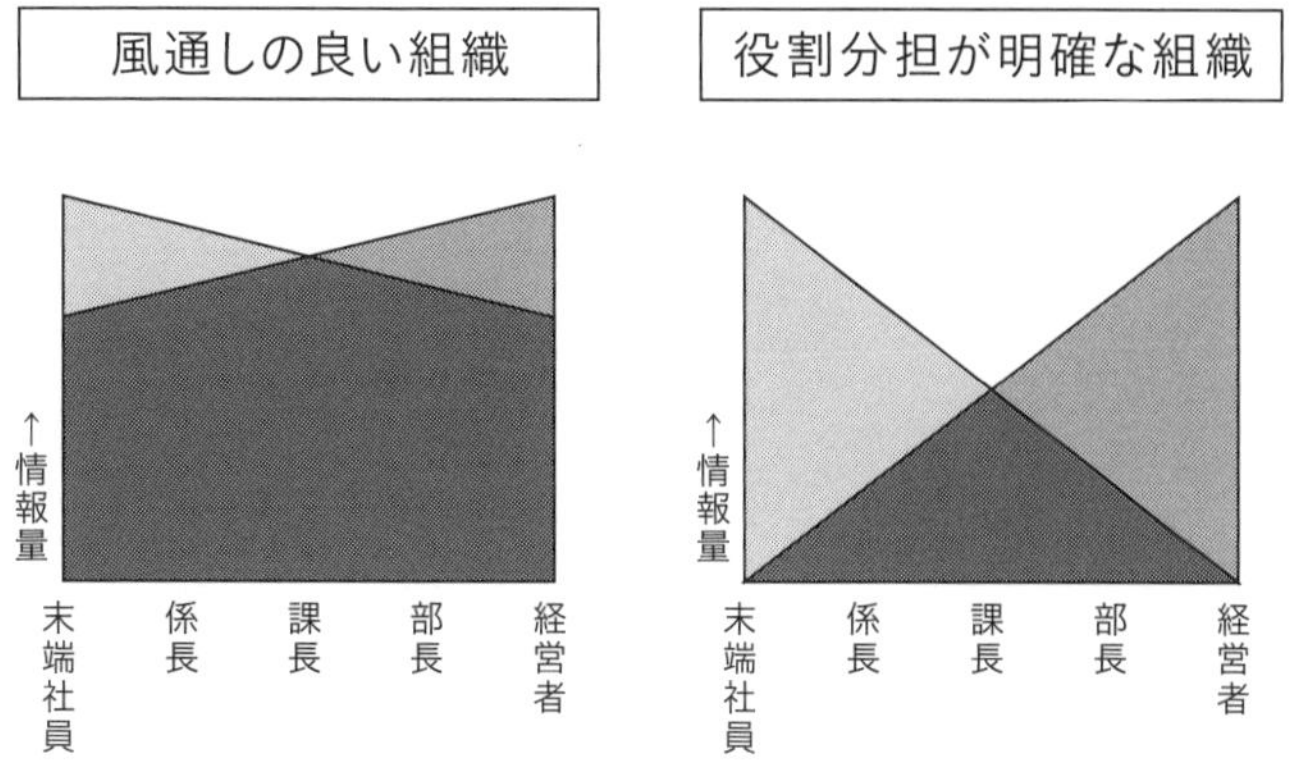

	風通しの良い組織	役割分担が明確な組織
1人当たりの情報処理量	多い	少ない
役職間の情報格差	小さい	大きい
情報の重なり合い	多い	少ない
ITの活用効率	高い	低い
産業のタイプ	成長産業	成熟産業
社内の組織としては？	研究開発部門	営業、カスタマーサポート
組織の典型的な俗称	ベンチャー型組織	官僚型組織
会社のサイズでは？	中小企業	大企業
社内政治	複雑	単純
抜擢人事	比較的多い	比較的少ない
組織の得意技	イノベーション	ルーティン・ワーク

個々人がいかにして情報を正しく消化するかが鍵となるでしょう。

誰にも処理できる情報の量には限りがありますから「**風通しの良い組織**」においては、「**情報の洪水の中から、自分の必要な情報だけを抜き出す**」という**情報のフィルタリングが個人個人に任されている**というように理解することができます。


ＩＴ関連、デジタル機器関連や精密機器関連などの変化の激しい業界では、マーケットの変化に企業としてすばやく対応する必要があります。このため末端社員でも多くの決断ができるようにこうした組織のスタイルが取られることが多くなります。

こうしたスタイルは、俗にベンチャー型組織（ネットワーク型組織、アメーバ型組織）とも呼ばれ、あまり肩書きによらない意思決定がなされたりします。これは、経営情報と現場情報をバランス良く持っている中間管理職の層が厚い企業、またはフラット（平坦）な組織であると解釈することも可能です（とはいえ完全なフラットが難しいことは前述の通りです）。

このような組織では、課長は多くの情報を係長や部長と共有しているので、重要な判断が求められるときにも係長や部長との協議が簡単です。そのためスピーディでかつ的確な決断が可能になります。

ただし、組織のメンバーが、あるときは経営者のように、またあるときは末端社員のように振る舞うことができるため、混沌として未知の可能性があるのと同時に、組織の決断に一貫性がないなど、どうにも危なっかしい面もあります。

さらにこうした「風通しの良い組織」では、たとえ末端社員であっても、情報を上手に取捨選択できれば、重要な決断に貢献することができます。このため、**社内の本当の実力者と、公式な権力を持っている人が一致しなくなってしまうケースが多発**します。こうなると、組織内の「政治」は複雑なものになります。

このような組織では、ＩＴ技術に精通していない古い世代の人材は淘汰されやすく、逆に若くとも実力のある人材には抜擢人事があります。若い世代に、こうした組織の人気が高いのは、抜擢のチャンスが多いからです。少子高齢化によって若手人材の確保はますます難しくなっていくことから、今後は、多くの組織が「風通しの良い組織」の方向に変化していくでしょう。

「役割分担が明確な組織」ではイノベーションは起きにくい

これに対して「役割分担が明確な組織」というのは、現場情報は経営者まではほとんど伝わらず、逆に経営情報も末端の社員に伝わることが少ない企業です。「フィルタリングによる情報量の減少が大きい組織」と理解してもいいでしょう（図67ページ）。

こうした「役割分担が明確な組織」では、現場は現場、経営は経営という具合に分担がはっきりしているため、現場の従業員が経営者の名前はもちろん、顔すら知らないということも少なくありません。個々人に集まる情報は必要最低限となるために、情報の「量」が日々の業務の問題になることはあまりなく、社内を流れる情報の「質」が特に求められます。

エネルギーや材料、造船といった成熟産業、官庁や軍隊などの政府系組織などで採用されている、俗に官僚型組織と呼ばれるスタイルがこれに相当します。決められた仕事、いわゆるルーティン・ワークばかりをこなすのであれば快適な組織スタイルです。

こうした組織では、個々のポジションが持っている情報には明確な違い（格差）があり、役職を飛び超えて「価値の高い発言」をすることはとても難しいため、役職と見かけ上の実力が一致しやすくなります。そのため、組織内の政治は「風通しの良い組織」と比べればシンプルなものになります。

ナレッジ・マネジメントの理論では、このように**組織内を飛び交う情報に「冗長性（重**

なり)」が少ない組織では、肩書きを超えた人材の交流による予想外のシナジーがほとんど期待できないため、イノベーションが起こりにくいということが指摘されています。

ですから、この「役割分担が明確な組織」というのは、日々決められた仕事を丁寧にこなすことが求められる組織に適用されるべきスタイルとも言えるでしょう。

こうした組織の弱点は、例外的な問題が発生したときに役職を超えた議論にとても時間がかかり、組織全体のパフォーマンスが極端に落ちることです。そして、**変化が頻繁に起こるような時代には、こうした「役割分担が明確な組織」は淘汰されやすくなる**はずです。

事実、このような組織スタイルをかたくなに守ろうとすると、優秀で重要な人材から順に組織から流出していく可能性もあります。組織の将来を担うエース級の人材は、誰にでもこなせる、クリエイティビティをともなわない仕事には、相当な苦痛を感じるものだからです。少子化の時代には、若手人材の交渉力が高まります。若手が好む仕事や職場環境を整備できないと、長期的には負けてしまうのです。

課長の元気な企業は強い

経営学的には、本当の意味で「風通しの良い組織」と「役割分担が明確な組織」のどちらがより優れているかに回答はありません。実際には、あらゆる組織は、置かれている環境によって、その最適な形が決まることがわかっています（コンティンジェンシー理論）。

とはいえ社会全体としては、IT技術の発達によって情報の量が増えており、あらゆる組織は「風通しの良い組織」のスタイルに向かって変化しつつあります。組織内部のポジション間における情報格差が小さくなる現象は、今後も加速こそすれ減速していくことはないでしょう。ここで必ず問題となるのは、中高年のITリテラシーです。どんどん出現するITツールを使いこなせない中高年は、いかに組織には多様な価値観が必要とはいえ、仕事にならなくなるからです。課長も、こうした中高年に含まれる場合が多く、他人事ではないと考えてください。

やや余談になりますが、同じ社内であっても、研究開発部門などの上流工程を担当する部署は「風通しが良い」ことが多く、逆に営業やカスタマーサポートなどの下流工程を担当する部署は「役割分担が明確」という特徴があります。研究開発部門が杓子定規な組織ではアイディアが飛び交うこともないでしょうし、逆に営業やカスタマーサポートが個々の担当顧客を勝手に変えてしまっては、顧客が混乱して迷惑をかけてしまうからです。

企業によっても、部署によっても「風通しの良い組織」と「役割分担が明確な組織」のスタイルの違いがあります。しかし、先にも課長の特徴として取り上げた（1）課長のところで経営情報と現場情報は交差し、(2)社内の情報は課長に向かって集まり、(3)課長は現場情報と経営情報をバランス良く持っている、という3つの事実だけは共通していることは強調に値します。

そう考えると、**社内の課長が集う「課長会」が活発に行われるような「課長の元気が良い企業」こそが、新時代を勝ち抜く企業に共通する特徴となる**ことは明らかです。筆者としては、このように課長を中心に据えた組織論は、これからの経営学の新たな研究対象として大変興味深いものであると考えています。

すべての課長は、あらゆる企業にとって将来の社長候補です。であれば、課長の活力こそ、あらゆる企業が投資すべき対象なのです。

8 ピラミッド型組織での課長の役割

事業部制、カンパニー制、職能別組織、マトリクス組織、アメーバ型組織、ネットワーク型組織、ティール組織など、近年ではいろいろな組織の形態について議論がなされています。

しかし総じて、ビジネスの現場にいる人々は、このように企業を「枠組み」でとらえるような発想には常に冷ややかなものです。「これからはティール組織だ！」という具合に、いちいち流行に左右される経営者にはうんざりという人も少なくないでしょう。

組織の基本は人にあるのですから、経営者には、ブレずに「人間」にフォーカスした経営をしてもらいたいものです。組織とは、1人の人間では成し得ないことを、複数の人間が共同して成し遂げるために存在しています。その根幹は、モチベーション管理です。多少、組織がいびつであっても、従業員の皆が、元気で明るく仕事に打ち込める環境があれば、問題ありません。

いろいろな意見が存在することは尊重しますが、**いつの時代も、組織の基本は農耕社会の登場以降、ずっと続いているピラミッド型組織**です。経営学的に、より精緻な組織の定義は、あなたが社長になってから考えれば良いことです。ただ、そのとき も「従業員のモチベーション向上につながる組織」を考えることを忘れないようにしてください。

新しく提案される組織の型は、従来のピラミッド型組織に取って代わるものではなくて、あくまでもピラミッド型組織の弱点を補完する性格のものです。いちいち流行の組織論にかぶれることなく、まずは基本となるピラミッド型組織の理解を深めることが重要です。その上で、置かれている環境に最適な組織を考えていきましょう。

例外への対処は中間管理職の仕事

ピラミッド型組織における末端社員には、業務プロセスがしっかりと決まった仕事、すなわちルーティン・ワークを注意深く処理しつつ、ちょっとした例外であれば対応できる能力が求められています。

ルーティン・ワークとして教わった仕事内容から大きく逸脱するような問題や、ルーテイン・ワークとは言えない新たな事業機会が見つかった場合は、俗に言う「ホウレンソウ（報告、連絡、相談）」が末端社員としての対応の基本となります。この意味では、**末端社員は報告すべき例外を、例外として正しく認知できる力が最低限求められる**ことになります。

これに対して**中間管理職は、ルーティン・ワークから逸脱するような例外をすばやく発見し、バランスの取れた決断を下すことが役割**になります。例外には、後ろ向きな「問題」ばかりではなく「新たな事業機会」のような前向きなものも含まれています。ですから、中間管理職には、部下にルーティン・ワークを徹底的に教え込み、ルーティン・ワークから外れる例外をすばやく発見できる仕組みを作り上げることが求められます。

例外的な問題や事業機会の発見に成功したら、中間管理職はそれに対応するためのリソースを明確にしつつ、戦略を描き、その実行を指揮します。

ただし、例外的な問題や機会の中には中間管理職として対処するには大きすぎるものも存在します。それを判断するには、**上場企業であれば「自社の株価に影響するようなレベル」、上場企業でなければ「マスコミに知られたら記事にされるようなレベル」というのが簡単な目安**になるでしょう。基本的には、判断に少しでも迷うようなら、部長や経営陣に相談するのが良いでしょう。

経営者には全社的な戦略策定と実施が求められています。例外的に発生する問題や機会

会社組織の基本はピラミッド型

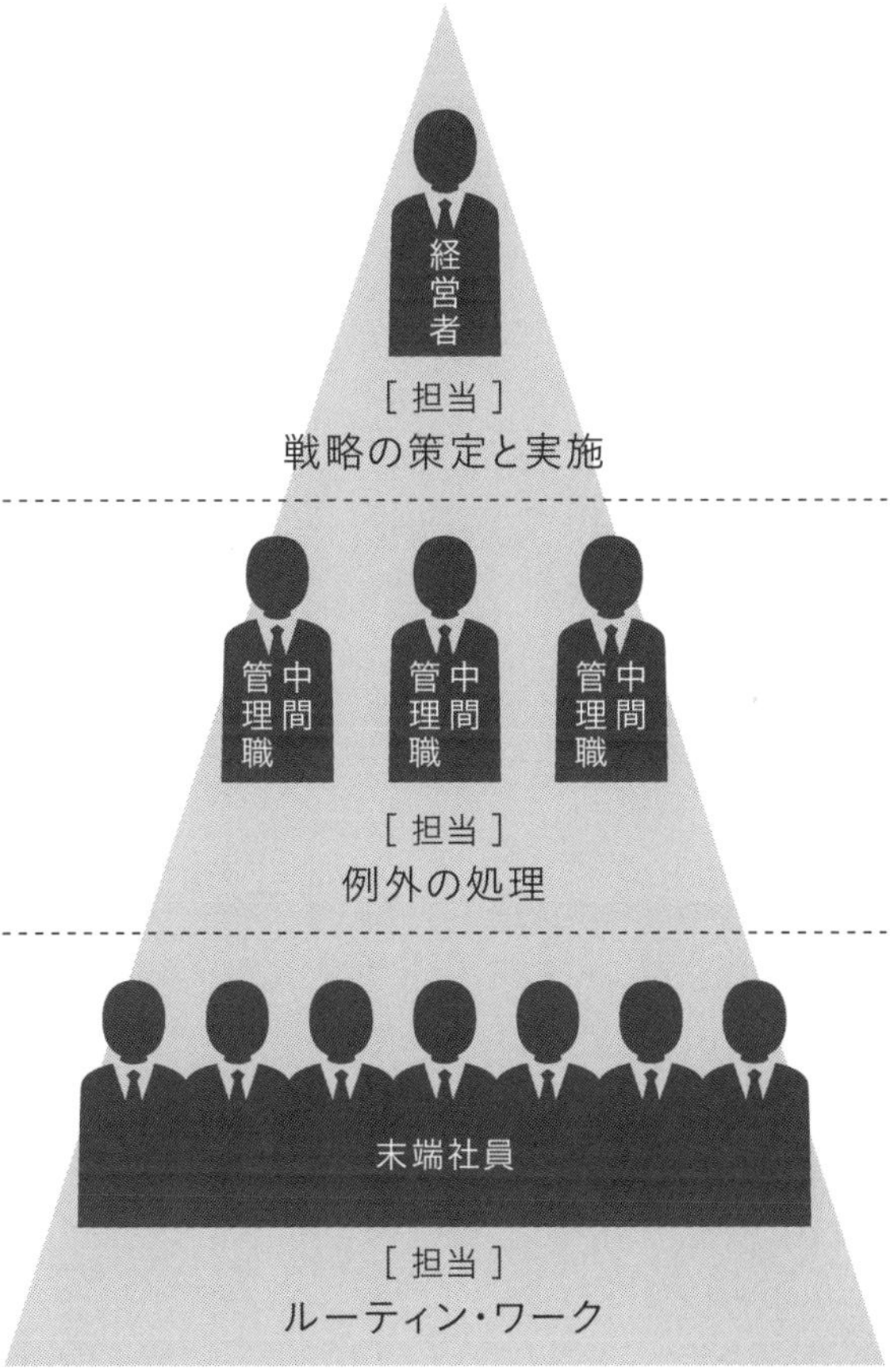

のうち、株価に影響するような大きなもの（業績に大きなインパクトがあるようなもの）に関してリーダーシップを取って対応します。

経営者の仕事をより具体的に定義するのは簡単なことではないのですが、かっこよく言えば――

- **ビジョンを示す**
- **従業員が持てる能力を最大限に発揮できるような環境と仕組みを作る**
- **決断し、その責任を取る**
- **従業員、顧客、仕入先、株主、地域社会などすべてのステークホルダーを満足させる**

――といったところです。

こうした「かっこいい仕事」を実現させるためには、従業員があまりお金のことで悩まないようにしてやるという、あまり「かっこよくない仕事」も必要になってくるというポイントが世間で語られることはほとんどありません。

課長としては、**経営者がお金（株価を含む）のことで頭を悩ませている時間が非常に長いということを、経営に口を出す前提条件として十分に理解しておく**べきだと思います。後述しますが、経営者と一般従業員では「仕事とは何か？」の定義がまったく異なることを認識しておかないと、痛い目にあいます。

例外への柔軟な対応能力が権威を正当化する

さて、こうしたピラミッド型組織においてそれぞれの役職の権威を正当化しているものはリーダーシップや戦略策定の能力ばかりではありません。

本質的には**「ルーティン・ワークから外れるような例外的な業務に対応できる柔軟性」が役職の権威を正当化する**ものなのです。この事実は、意外なほどに正しく理解されていないことが多いように思います。こうした柔軟性を強調するために、大企業であっても「起業家精神（アントレプレナーシップ）」が必要とされているのです。

例外的な業務への対応は、過去の前例などを参考にできない分だけ、創造力をフルに働かせつつ、その解決を自らの頭で考える力が要求されます。そして、その例外が大きなものであればあるほど、対応の仕方によって会社の生存が脅かされたり、反対に驚異的な成長のきっかけとすることもできるのです。

こうした創造力を支える思考法に関しては、拙著『新版これからの思考の教科書』（光文社）を参照いただけたら嬉しいです。

経営者にとっても中間管理職にとっても、創業間もないベンチャー企業でない限りは、実際には日常業務の多くがルーティン・ワークであるということは、ここで強調しておかなければなりません。

経営の神様とも呼ばれるピーター・ドラッカーは、かつて「経営管理の96％は、ルーティン的な定例反復業務である」と喝破し、**ルーティン・ワークを格下の退屈な仕事であるかのように考えることは間違い**であると警告しました。上司として部下にルーティン・ワークがなんたるかを正しく教え伝えることは、立場に関係なく非常に重要な課題なのです。

9 中間管理職が日本型組織の強み

「トップ・ダウン」と「ボトム・アップ」いう言葉がありますが、自分の職場はどちらなのかと聞かれても、正確にはどちらとも言えないものではないでしょうか。

それもそのはず。これらのコンセプトからは「ミドル」すなわち中間管理職の存在がスッポリと抜け落ちているからです。「ミドル」という視点が抜け落ちているのは偶然ではありません。実際に欧米の企業は、中間管理職のことを「組織のヒエラルキーの中で昇進の望みもなく、つまらない仕事ばかりやらされている人」であり、将来はIT技術などで不要になる地位だと考えてきました。

では本当に中間管理職をなくしてしまい、経営者と末端社員を「直結」してしまえば組織はその力を最大化することができるのでしょうか。もしあなたが実務の現場にいる課長なら「直結? やれるものなら、やってみろ」と感じることでしょう。

中間管理職はナレッジ・エンジニア

中間管理職の重要性にいち早く気づき、それを**「ミドル・アップダウン」という新しくて革命的なコンセプト**にまとめあげたのが、イノベーション理論の世界的な権威、一橋大学の野中郁次郎名誉教授です。

野中名誉教授は、トップが会社のビジョンや「夢」を描き、現場にいる末端社員が最前線で「現実」を見るときの「夢と現実のギャップ」を橋渡ししつつ、事業や製品についてのコンセプトを創造する結び目（または架け橋、ナレッジ・エンジニア）として中間管理職を位置づけています。

このコンセプトからすると**中間管理職は、知識を創造するプロセスにおいて、最も重要な役割を果たす人々、企業活動における知識創造の中心**なのです。

現場の第一線にいる末端社員は、ビジネスの実情に精通しているものの、極めて限られた分野の詳細な情報の洪水に圧倒されています。そんな混沌とした情報の中から、重要なものだけを抜き出し、現場の専門家ではない人間にもわかるような言葉で説明するのは非常に難しい仕事です。また、そうしたことに時間をかけていると、現場はどんどん変化していってしまいます。

逆に経営者は、マクロ経済的な世界の動向や、企業文化の形成、新たな経営手法などの情報はたくさん持っているものの、現実には、株主からのプレッシャーを感じながら分刻みのミーティング・スケジュールに追われています。さらに社内外の人間から、毎日とても読みきれないほどのメールを受け取ります。

経営者には、誰かに中断されることなしに物事を考える時間的余裕はほとんどありません。そのため経営者の使用する「言葉」は、壮大な理論、進むべき方向性や夢といった形になり、詳細なプランはノータッチとなりがちです。

大きなビジョンを具現化させるためには、当然現場で起こっていることを深く理解しないとならないのですが、現場情報を正しく理解するためには相当の専門性が必要であるばかりか、膨大な時間もかかります。

こうした状況の中で、**中間管理職は、現場から「重要な現場情報」を引き上げ、それを「経営者が描いた大きなビジョン」をつなぐために知恵を絞る「ミドル・アップダウン」な活動をするの**です。具体例として野中名誉教授の著作『知識創造企業』（東洋経済新報社）から、少し古いのですが、決して色あせてはいない象徴的ケースを簡単に紹介します（より詳しくは野中名誉教授の著作に当たってください)。

ミドル・アップダウンが生んだ革新的な車ホンダ・シティ

1978年、ホンダの経営者はシビックとアコードがあまりにも「ありふれた車」になってしまったという反省のもと、「冒険しよう」というスローガンを掲げ、既存のコンセプトとは違う、低価格ではあっても安っぽくない車の開発を指示しました。

このとき35歳で中間管理職であった渡辺洋男氏は、長年の現場での経験から、トップのスローガンを「クルマ進化論」という、より下位の概念に消化・翻訳し、これを平均年齢27歳というとても若い新製品開発チームに向けて打ち出しました。これは、格好の良さのために居住性を犠牲にするという「デトロイトの常識」への反発でもありました。

この「クルマ進化論」という概念をベースにして、開発チームとしてまとめあげた解答は、表面積は同じでも、乗る人の居住性を確保しつつ、道路では最も少ないスペースを占める「球」に近い形のクルマ〝トールボーイ〟という製品コンセプトでした。このコンセプトはホンダ・シティとして結晶化し、実現しています。

ミドル・アップダウン

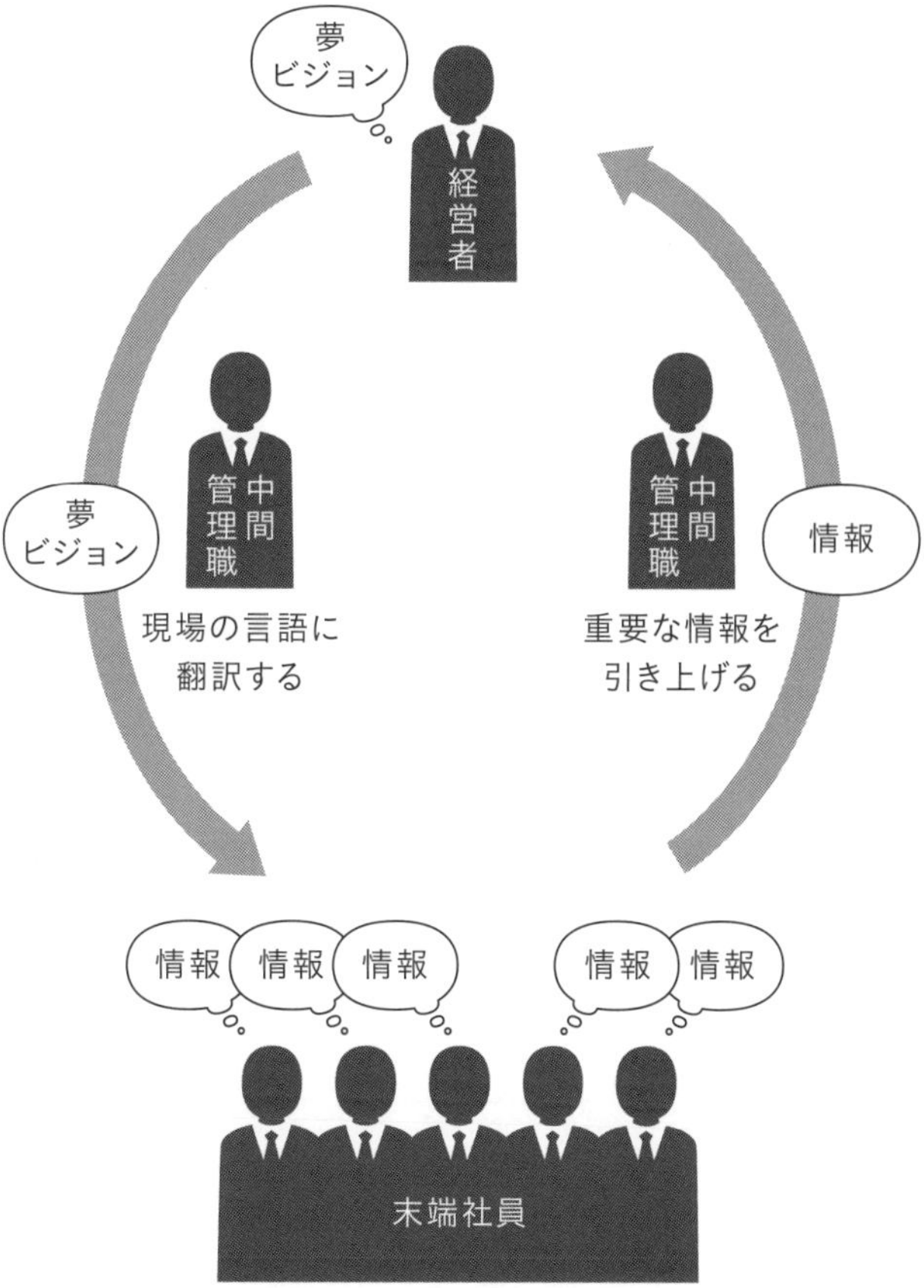
夢
ビジョン
経営者
中間管理職
夢
ビジョン
現場の言語に
翻訳する
中間管理職
情報
重要な情報を
引き上げる
情報
情報
情報
情報
情報
末端社員

もう古い話になってしまっているので、ホンダ・シティの斬新なデザインと愉快なコマーシャルを記憶されている読者は少ないかもしれません。ただ、今では普通になった背が高くて前後が短い車の原点は、このホンダ・シティにあります。

仮にミドルがいなければ、ホンダ・シティの話はどうなったでしょう。少なくとも経営者の「冒険しよう」というスローガンから「トールボーイ」は生まれなかったでしょう。渡辺氏がこのプロジェクトを統括するミドルの地位になければ、今では当たり前になった背が高くて前後が短い車自体が、世界に存在していなかったかもしれません。

現場情報をグルグルと頭の中で回転させ、表現し難いものを表現するために、比喩や象徴によって経営者のビジョンを翻訳しつつ末端社員を動かすのです。このミドルの役割には、経営者や末端社員とは異なる大きな付加価値があります。

COLUMN

仕事とは何か？

何をいまさらと思うかもしれませんが、多くのビジネスパーソンが、現代における仕事の定義に迷っているように思います。仕事とは、売上を出すことでも、利益を出すことでもありません。実際に、利益が出ていないのに、赤字で上場する会社も多数あることが、その証拠です。

もちろん、生きていくため（事業を継続するため）には利益が必要です。しかし、ただ生き残ることは、個人であっても企業であっても、目的にはなり得ません。「売上が成長しているからいいじゃないか」「利益が成長しているからいいじゃないか」と考えているとするならば、あなたのビジネスパーソンとしてのキャリアは、なかなか前進しないはずです。

現代における仕事とは、所属する企業の時価総額（企業価値）を上げることです。あなたの企業に投資をしている株主はもちろん、株主から任命されている経営者もまた、時価総額を上げることを仕事の定義にしています。

株主があなたの企業にお金を預けるのは、そのお金が何倍にもなって返ってくることを期待しているからです（一部には配当金を目当てとする株主もいますが）。いくら売上や利益が出たとしても、時価総額（株価）が上がらなければ、株主はお金を引き上げることになります。

あなたの上司（そして株主）が、そのように仕事を定義しているのに、あなたがそれとは異なる定義を追いかけているとするならば、問題でしょう。あなたの上司は、ある意味で、あなたの労働時間を買い取ってくれている顧客です。その顧客が求めていることを理解していない場合、あなたがレベルの高い仕事をすることは不可能なはずです。

ここで、時価総額は「将来の利益」で算出されます。ですから、すべてのビジネスパーソンが注意しなければならないのは「仕事とは将来の利益をより大きなものにする活動」であるという、定義のところを間違えないことです。

そのために必要なのは、目先の短期的な売上や利益ではなく、有望な未来への投資です。そうした環境で経営者に選ばれるのは、時価総額を上げることが上手な人材です。作物の栽培で例えれば、種まきこそが仕事であって、刈り取りは今日を生きるための作業にすぎません（作業も重要であることは明らかですが、作業は高く評価されません）。

あなたは、今すぐ自らのスケジューラーの中身を振り返り、自分の時間の何割が種まきに使われているか確認する必要があります。「将来の利益」のために、現状を変えようとしている時間だけが、本当の仕事だからです。

子どもの仕事は勉強です。なぜなら、広い意味での勉強（遊びや読書なども含む）だけが、子どもの「将来の利益」につながるからです。逆から言えば「将来の利益」につながらない活動は、勉強ではなく趣味です（趣味もまた生きるために重要であることは明らかですが、趣味は勉強ではありません）。

また、言うまでもなく、大人であっても勉強することが仕事の重要な部分であることは「仕事とは将来の利益をより大きなものにする活動」と認識すれば、容易に理解できるでしょう。あなたが本書を読んでいるのも、それが「将来の利益」につながる勉強になっていると考えているからです。

時価総額がどのようにできているか、それを理解するために優れたフレームワークがあります。ＢＳＣ（Balanced Scorecard）と呼ばれ、経営学の世界では、普遍的な経営管理モデルとさえ言われることがあります。

ＢＳＣは、次ページの図に示されるような4つの視点で構成されています。1番目の「財務の視点」は、売上や利益に関する視点であり、遅行指標と呼ばれます。これらは過去

Balanced Scorecard 4つの視点

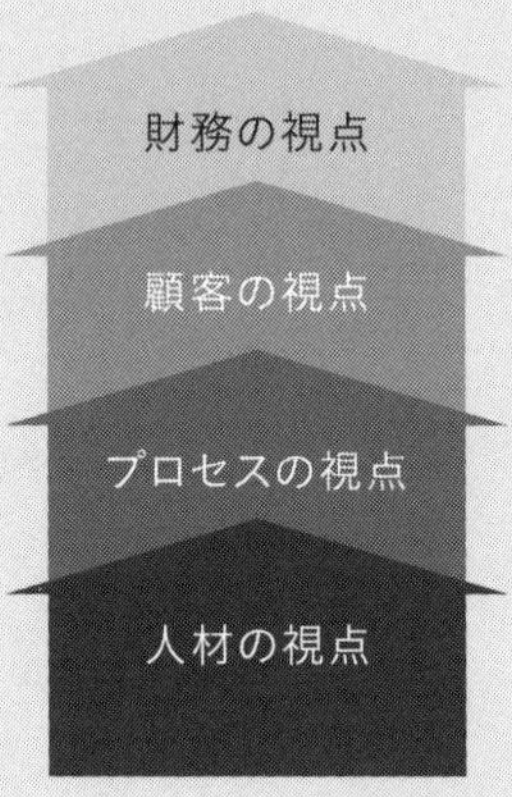

の活動の結果であり、常に現実から遅れているという意味で遅行指標とされます。過去の活動の結果ですから、それに対して後から変更をせまることはできません。学校の通信簿のようなもので、とても重要ですが、その結果に一喜一憂するのは危険です。

理解のため、この流れで、少子化問題を考えてみましょう。今年生まれた子どもが何人で、出生率が何％だったかといった結果を示すのが「財務の視点」です。こうした数字は大事ですが、それを見ていても、問題は解決しません。なぜなら、生まれた子どもの数も出生率も、過去のことであり、遅行指標に過ぎないからです。

2番目の「顧客の視点」には、将来の売上や利益を生み出す顧客満足につながる活動、顧客ニーズをより深く理解する活動、新たな顧客を獲得する活動などが含まれます。先の遅行指標とは異なり、企業の「将来の利益」につながる活動なので先行指標と呼ばれます。

先行指標というからには、こうした活動を指標として測定し、モニタリングし、課題を見つけて解決する必要があります。子どもの勉強であれば、たとえば勉強時間が、これに相当するでしょう。通信簿も大事ですが、通信簿の結果は、勉強時間の関数だと考えられます。競合よりも多くのリソースを、この活動に充てなければ、長期的には競合に負けることは明らかです。

少子化問題で考えるなら、生まれてくる子どもの数を決めるのは、妊娠の適齢期（25歳頃から32歳頃までとされる）にいる女性の数です。「顧客の視点」で考えるなら、妊娠の適齢期にある女性が何人いて、そうした女性の労働環境がどうなっているかを調べる必要があります。

妊娠の適齢期にある女性の数は決まっていますから、増やすことはできません（人口ボリュームの大きい団塊ジュニア世代が、すでに適齢期を超えてしまっていることが最大の問題なのですが、これはもう解決できません）。ですが、そうした女性の置かれている環境を、妊娠・出産によりより適したものに改善することは可能です。これらは、将来の子どもの数や出生率を決める先行指標になっていることがわかるでしょう。少子化問題に限らず、あらゆる問題は、こうした先行指標への注目なしに、改善されることはないのです。

3番目の「プロセスの視点」は、先の「顧客の視点」のさらに先行指標です。「顧客の視点」において優れた結果を出すためには、より優れた業務フローを作り上げる必要があります。一部のエース人材に頼ることなく、継続的に顧客満足が上昇していくような、顧客をより深く理解できるような、新規顧客が増えていくような、そんな常にアップデートされる業務フローが求められます。

ここが課長の腕の見せ所です。課長は、現在の業務フローを、より生産性の高いものに変更していく活動を通して「未来の利益」を最大化させるのです。理屈だけで言えば、課長のスケジューラーの中身は、そのほとんどが、現在の業務フローの見直しに充てられているべきです。専門的にはBPR（Business Process Re-engineering）と言って、昨今はDX（デジタルトランスフォーメーション）という言葉でも理解されています。

課長としては、まず、自部署の各種業務の生産性を数値化する必要があります。その上で、その生産性を競合他社や社内の他部署のものと比較（ベンチマーク）します。次に、目指すべき生産性の数字を定め、それを期間内に達成するための新しい業務フローを設計します。

ここで、新しい業務フローの設計のところが、結果として、新しいITツールの活用となる場合が多く出てきます。こうした場合を指してDXと呼ばれるのですが、BPRは、必ずしもITツールの活用に帰着するわけではありません。人員配置や職務内容の変更といった帰着もよくあります。

顧客を満足させる直接的な活動よりも、誰でも顧客を満足させられるような業務フローを設計して導入するほうが「将来の利益」をより高めることは明らかでしょう。その意味で、直接的に顧客を満足させられるエース人材よりも、優れた業務フローを設計できる人材の方の報酬が高くなるのです。課長の報酬が、末端の従業員よりも高くなる正当性は、ここにあります。

課長として、どこから手をつけて良いかわからなければ、まずは、ネットや書籍などで、生産性の向上（業務効率の向上）に関する勉強をするべきでしょう。課長がどれだけ真剣にこの領域の勉強をしているかどうかは、とても大切なことです。

少子化問題で考えるなら、妊娠の適齢期にある女性が、子どもを産み育てたいと感じる環境を整備しなければなりません。そのための予算を、どれだけ多く積み上げるかも、大切な指標です。こうした環境の整備を、個別に行うのではなく、国全体の制度として実現していこうとするのが「プロセスの視点」です。

4番目の「人材の視点」は、採用や教育に関する視点です。将来の課長、すなわち、より優れた業務プロセスを設計し導入できる人材を育成することが、この視点の中心です。先の視点のさらに先行指標ということになります。あなたは、生産性を高めることができる人材を育てるために、具体的にどのような採用や教育を行っていますか？　長期的には、この4番目の「人材の視点」こそが、あらゆる企業にとって、もっとも重要です。

ところが、この視点にリソースを投入しても、それが売上や利益として顕在化するまでには相当な時間がかかります。ですから、目先の売上や利益にばかりとらわれている企業は、人材への投資（採用と教育）をしぶります。しかしそれは結果として「将来の利益」を犠牲にする行為であり、長期的な企業の衰退を意味します。

たとえば、売上と利益がまったく同じ2つの会社、A社とB社があったとします。A社は従業員の教育費ゼロ、B社は教育費に大きな投資をしているとします。あなたが投資家なら、どちらの会社に投資しますか？

ちなみに、経済協力開発機構（OECD）に加盟している先進国の中で、日本は、国内総生産（GDP）に占める教育機関への公的支出の割合において、37か国中36位（2・8％）です（2019年時点のデータ）。日本全体の「未来の利益」がどうなるか、BSCの視点から考えれば明らかです。人材以外にこれといった資源のない日本は、もっと第4の視点に注目した国家経営をすべきではないでしょうか。

少子化問題で考えるなら、将来の親になる可能性のある子どもたちに対しての教育がまず重要になります。母親になれる、妊娠の適齢期にいる女性が少ないため、この問題は数年規模の短期では解決しません。多少の出生率の改善では、焼け石に水なのです。ですが、数十年単位で考えるなら話は別です。

将来、適齢期を迎えることになる子どもたちに対して、いまから教育を行うのです。自分たちが求める妊娠・出産の支援制度についても、自分たちで考えてもらうことが、将来の日本における子どもの数を決めます。これが「人材の視点」です。遅行指標としての子どもの数も、教育にかける国の予算が決めてしまうわけです。

［本章のポイント］

課長とは何か？

- 課長は正式な管理職の最下層の地位である。係長から課長に昇進できるかどうかは、キャリアの最大の山である。

- 課長は①予算管理の実質的な責任を持つ、②経営者と直接話ができる、③法的に管理職として認知される、④部下の人事査定を行う――最下位のポジション。

- 課長は、年齢や能力に大きな幅がある部下を持つ。部下・顧客・上司、三方向に意識を向け、利害を調節するのが課長の仕事である。

- 課長にはリーダーとマネジャー両者の資質が必要。経営者がよりリーダー寄りであるのに対し、課長はよりマネジャー寄りである。

課長は、部下を一人の人間として気にかけ、興味を持ち、熟知することで部下のモチベーションを高め、成果につなげることができる。

新しい人事制度においても、課長以上には成果主義が適用される。課長は、家族的な方法で部下をまとめつつ、成果を上げることが求められる。

課長は「顧客第一主義」という共通の価値観を軸に、世代間の価値観の通訳をする。

課長は、経営者が発信する経営情報と末端社員が持つ現場情報、2つの情報をバランスよく持つ、情報伝達のキーパーソンである。

課長は、部下に徹底的にルーティン・ワークを教え込むことで、例外的な問題や事業機会を発見する仕組みを作り上げなくてはならない。

課長は重要な現場情報を経営に引き上げ、経営ビジョンを現場に浸透させるナレッジ・エンジニアである。

第2章

課長の8つの基本スキル

人間は金銭を相手に暮らすのではない。
人間の相手は常に人間だ。
――プーシキン

部下を高業績に導くためのいくつかのスキルは、ある一点で共通しています。それは、すべてが何らかの形で「部下のモチベーションを高め、維持する」ことに貢献しているということです。

モチベーションと業績に深い関係性があることは経営学の研究で証明されています。部下のモチベーションを管理できれば、課長の仕事は務まったといっても過言ではありません。

スキル1 部下を守り安心させる

ビジネスパーソンなら誰でも、自分の上司には「売上が伸びている」というような良い話題だけを伝えたいものです。しかし前章でも考えたとおり、課長には、日々発生する問題（特に例外的なもの）に即座に対応することが求められています。

ですから、良い話題は、課長としての職務にはあまり意味がありません。むしろ「入金が遅れそうだ」といった**「悪い情報」がどれほどすばやく部下から上がってくるかが、課長の死活問題**となります。

ところが、部下も自らの評価が気になる人間です。自分の失敗が原因である場合は特に、悪い情報ほど、課長に報告するのをためらうでしょう。

特にガチガチの成果主義が採用されているような企業では、一回の失敗で一生のキャリアがダメになってしまいます。こうした背景を理解すれば、部下には、悪い情報を隠す傾向があるのも当然でしょう。

それでなくても、そもそも人間には「ちょっとぐらい悪い情報であれば、他人には隠してしまおう」という傾向が、もともと備わっているものなのです。

部下も人間ですから、必ず失敗をします。しかし、**課長は部下の失敗をそのまま部長や経営者に伝えてしまってはなりません。**もちろん、同じ失敗を繰り返さないよう部下を指導することも大切です。ですが、「部下が失敗した」ということを社内で宣伝したとしても、誰もハッピーにはなりません。

部下に「この課長に相談したら、なんでも上に筒抜けだ」と思われたら、課長としては完全に終わりです。部下から「秘密を守る課長」だと思われることが、課長の仕事をまっとうするためにはどうしても必要です。

部下の失敗は課長の失敗

可能である限り、課長は誰が失敗したのかということを部長や経営者には隠すべきです。

もちろん「入金が遅れる」といった悪い情報そのものは必ず上司に報告する必要があります。しかし、その原因に関しては、**嘘にならない範囲での「脚色」によって、犯人探しの矛先が自分の部下に向かわないように十分な配慮をする**べきです。それでも犯人探しになってしまった場合は、親分として部下の失敗は自分の失敗とするのが課長として当然の態度でしょう。

部下を守るというのは、部下の失敗をかばうといったことばかりではありません。差別やセクハラなどの被害から守ったり、部下の心身の健康を気遣うことも大切な課長の仕事です。あまりに理不尽な要求をする顧客（カスタマーハラスメント）から部下を守るということもあるでしょう。

もちろん何か問題が起こってから、部下を実際に守るということも重要です。同時に、特に問題がなくとも、**部下が「何かあれば課長に守ってもらえる」という実感を持って、安心して業務に専念できるような環境を作る**ことが、課長にとっても部下にとっても大事なことです。

課長とは船長のようなものです。船が危機にあっても、船から逃げるのは部下を逃がした後、一番最後であるべきです。経営者は、課長のそうした振る舞いを見ています。自分の責任から逃げない船長は、高く評価されます。逆に、部下のために逃げない課長が評価されないような職場であれば、こちらから見切りをつけた方が良いでしょう。

昨今では、心理的安全性という言葉によって、この点が強調されるようになりました。

課長の責任という文脈における心理的安全性とは「部下が、自分の意見や考えを安心して表現できる状態」のことです。より具体的には、課長に対して反対の意見を表明しても、それによって評価が下げられたりすることなく、むしろ感謝さえされるような風土を、自部署内に構築する必要があります。

こうした心理的安全性が構築されている組織では――

(1) 部下は「自分の意見が尊重されている」と感じ、より良い意見が出せるように自発的に勉強するようになる

(2) 部下にとってネガティブな意見を出すリスクが減るため、悪い情報でも共有がスムーズになる

(3) 自分の意見が尊重されるため、自分の仕事に対する責任感が醸成される

――といった効果が認められています。

スキル 2 部下をほめ方向性を明確にする

ほめるというのはお世辞を言ったり、おだてたりすることとは違います。特にビジネスにおいて**部下をほめるという行為の意味は、感謝の意を示しつつ部下の進むべき方向をはっきりと示すこと**にあります。

ほめるときに、部下に「なぜほめられたのか」を正しく伝えることができれば、ほめられた部下としても「ああ、こういうことを課長からは望まれているんだな」ということが、身体にすり込まれます(専門的にはオペラント条件づけといいます)。

ほめるスキルが足りない日本の課長

多くの課長には、部下をほめるというスキルが欠けています。特に若くして課長になったような優秀な人材ほど、このスキルが足りないものです。もともと日本人は、他人を面と向かってほめたりすることに「照れ」があるのも原因かもしれません。しかし上司の「沈黙」は、部下への期待値の低さを伝えてしまうことを肝に銘じておかないとなりません。**何も伝えなければ、部下のモチベーションは自然に低下していく**ものなのです。

課長になるような実績を築いてきたビジネスパーソンというのは、仕事ぶりへの上司からの感謝を「昇進」という目に見える形で報いられてきたはずです。

このために「もしかしたら自分の仕事はあまり意味のないものなのかもしれない」といった、普通のビジネスパーソンなら誰でも持つような不安を、あまり感じることなくキャリアを重ねてきた人が多いのです。

ですから、課長はそもそも、ほめられも叱られもしないまま放っておかれる部下の不安な気持ちというのが、どうしても理解できないものです。そして、課長の考える「ほめられるような成果」というのは、課長となった自分の高い能力と業績をその尺度にしているため、部下が積み上げる成果の多くが、どうしても迫力に欠けるものに見えてしまいます。

部下をほめるスキルを身につけるために必要なのは、**まず部下の正しい行動をほめ、さらに小さいものでも部下が出した成果を、その部下の能力や実績と照らし合わせて評価する**という、当たり前の態度です。決して「自分ならもっとうまくやる」などと言ってはなりません。そんなことは皆がわかっているからこそ、課長は課長になれたのですから。

小さな子どもの教育であれば、立ち上がっただけでほめ、自分で着替えをするようになればほめ、自分で起きられるようになったらほめ、ということをするでしょう。部下とはいえ、仕事の文脈では、永遠に課長の子どものようなものです。試しに、部下をほめる量を増やしてみてください。それだけで、目に見えた効果があるはずです。

ほめるときは人前でほめる

部下をほめるときは、ミーティングや打ち上げの場などの、なるべく多くの人が集まるところでほめるようにします。そしてほめるときは、できれば複数の部下を同時にほめるのではなく、十分に目立つように、ただ一人をしっかりとほめるようにします。

一方、誰から見ても高い能力を示し、昇進がほぼ約束されているようなキーマンの部下の場合は、ほめられることにあまり飢えていない場合が多いものです。ここは、課長自身とよく似ているでしょう。

そんな部下には「課長がいつもほめているよ」という具合に、直接ではなくて第三者の口から思うところを伝えることができれば、信憑性が増して、より感謝の気持ちがうまく伝わることもあります。

言葉でほめるばかりでなく、成果がそれにふさわしいものであれば、仲の良い顧客に根回しをして、部下宛ての感謝状の一枚でももらったり、ボールペンや万年筆などの小さな記念品に刻印でも入れて与えるようなことも、部下のモチベーションを高めるのに想像以上の効果があります。

このご時世、部下の成果に金銭で応えることは容易ではありません。だからこそ、ほめるべきときには**「自分がこんなふうにほめられたら嬉しいだろうな」ということに想像力をフルに働かせて、効果的に感謝の気持ちを表現する**ことが、良い課長たるためにはどうしても必要です。

ほめ上手であるだけで、驚くほど多くの問題が解決してしまうことに気がついている人は、世の中を他人よりも楽に渡っていくことができる人です。

ちなみに部下をほめることの反対は、叱ることではなくて、部下について無関心でいることです。この点について、しっかりと理解できている課長は、あまり多くないように思います。現代社会は、誰もが他者に無関心であり、多くの人が孤独を感じています。そんな時代だからこそ「自分のことを理解してくれているのは課長だけだ」という状況を作るのはむしろ容易であり、大きな効果があるのです。

スキル 3

部下を叱り変化をうながす

他人を叱るのが上手な人は、ある真理に気がついている人です。

それは、**人間は自分から「変わる」ことにはあまり抵抗しないのですが、自らを誰かに「変えられる」ことにはとても強く抵抗する**ということです。

思い出してみてください。勉強しないといけないと感じているところに、親から「勉強しなさい」と言われ、モチベーションを低下させた経験は誰にでもあるはずです。その方が良いとわかっていても、誰かに自分を「変えられる」ことは、嫌なのです。

だからこそ、部下の仕事のやり方を改善したいのであれば「部下が、自らの力で変わる」ようにうながす必要があります。遠回りで面倒に感じられるかもしれませんが、そもそも他者に対して変化を強要することは、ほとんど不可能です。

もちろん感情的に叱ったり、怒鳴ったり、八つ当たり的な叱り方をするのは論外です。パワハラ、恐怖により部署を統治する時代は、とっくの昔に終わっています。そうしたマネジメントは、古いだけでなく、もはや犯罪になってしまいます。

必ず人陰でこっそり叱る

誰かを叱るというのは、ほめることよりもよっぽど難しいものです。ほめるということは、基本的に忘れずにたくさん行えば良いことです。これに対して、他人を叱るためには相当のテクニックが必要になります。できればまったく叱ることなしにビジネスを進められたらどんなに楽かと思うでしょう。

しかし**人間というものは、叱られるというフィードバックなしでは、なかなか成長できない生き物**でもあります。俗に、大人の成長の2割は、こうしたフィードバックによると言われています（経験学習論という学問分野における研究成果）。

実際、大物がときに考えられないような馬鹿げたことをしでかす原因は、周囲にその大物を叱れるだけの人物がいないということに尽きます。周囲に誰も自分のことを叱ってくれる人がいないことは、事実上、キャリアの終わりを意味しています。

部下を叱る場合は、ほめる場合とは正反対に、**必ず人陰でこっそりと叱ります。**決して人前で叱ったりして部下の面子《メンツ》を潰してしまってはなりません。人前で変化を強要するような叱り方をするというのは、ある意味で、離職勧告のようなものです。

ただ、この原則に反する高等テクニックもあります。誰からも優秀だと認められるキーマンを皆の前で叱ることで「あんなに優秀でも叱られるんだ」と、部署全体に緊張感をもたらしつつ、キーマンが昇進することへの正当性を積み上げておくという方法です。

しかし、これは叱られるキーマンとの間に「あうんの呼吸」が形成されるほどの信頼関係がある場合にのみ有効な、とても高度なテクニックです。やはり部下を叱るときは人陰で叱るというのが基本です。

当然ですが、叱るときは、部下の個性も忘れないようにしてください。

特にエース級のエリートには叱られることに慣れていない人物が多く、ちょっと叱っただけで予想外の反発や落ち込みを見せたりします。また、若くて未熟な人格というのは、叱られることを自分への人格攻撃であるとみなす傾向があることにも注意が必要です。

部下を叱るときにはまず「自分も過去に同じような失敗をした」、「役員の〜も同じ失敗をしていた」というような**課長自らの失敗談や、会社の上層部にいる人の失敗談から入ると、全体の印象がピリピリせずに和やかになります。**

部下の叱り方　４つのフェーズ

「部下を叱る」ということには、次の4つのフェーズがあります。

［フェーズ❶　事実関係を確認する］

どんな失敗でも、まずはその失敗に至ってしまった背景となる事実を集めることから始めます。部下を叱るときも、その前に決して忘れてはならないのが、事実関係の確認です。間違った理解で部下を叱れば、部下は傷つき、信頼関係は元に戻せないほどに崩れてしまいます。失敗の前後関係を部下から聞き出すことが第1のステップです。

部下が何か失敗したとしても、その動機が間違ったものでないならば、それは単なる経験不足から来るミスに過ぎません。しつこいですが、失敗に至った背景にある動機をしっかりと確認するようにしてください。その動機が正しいものであれば、問題は小さいからです。逆に、その動機が間違っていれば、課長による部下の育成に失敗しているということであり、部下の責任ではありません。

繰り返しますが、動機は正しいのに失敗したのであれば、ミスです。ミスであるならば

（規模にもよりますが）、それを繰り返さない限りは、いちいち叱るようなことではありません。**同じミスを繰り返さない工夫を部下に考えさせれば良い**のです。それでも同じミスを何度も犯すような部下は、心の病にかかっている可能性もあり、別の対応が必要になります。

［フェーズ❷　問題に至った原因を究明させる］

部下の起こした問題が単純なミスではなく、動機のところからズレている場合もあります。このように、動機（活動の目的）レベルで間違っている場合、抜本的な対策が必要になります。同時にこれは、またとない教育の機会（理念や行動指針を振り返る機会）であり、部下と仕事に関する深い話をするチャンスでもあります。

こうした場合は、まず「何が原因で問題が起こったのか」を部下に考えさせます。ここで部下自らが原因に気がつければ、次に「どのようにしてその原因となったことを取り除くか」について考えさせれば良いのです。

難しいのは、部下が自分自身では、問題に至った原因がわからない場合です。こうした場合、上司はつい原因を指摘したくなるものですが、それでは部下を追いつめてしまうことになります。**できるだけヒント程度にとどめ、部下にじっくりと考えさせる**ようにします。

場合によっては、この段階で一度叱るプロセスをストップさせて、問題に至った原因を「宿題」にして、数日間の猶予を与えても良いでしょう。これは、自分の頭で考える練習です。部下も問題を起こしていることに危機感を持っているはずなので、たとえ上手く問題の原因を突き止められなくとも、練習の効果は高いと考えられます。課長として「待つ」ことも、ときには部下の教育なのです。

［フェーズ❸　部下が気づかなければ、直接原因を伝え、部下を叱る］

残念ながら、いくら時間を与えても部下が自分の問題に気がつかないこともあります。そういう場合は、誠意を示しつつ直接問題の原因に切り込み、論理的にどこがおかしかったのかをはっきりと述べます。

部下の仕事は、会社にとってとても重要なものなのです。そんな重要な仕事を任せているのは部下の能力を信頼し、潜在能力に期待しているからです。ですから、**部下を叱るときには「おまえならできると思っていたのに」、「いつも安心して任せているのに」、「皆が期待しているのに」というような言葉が出てこなければなりません。**

叱るという行為を通して、その信頼と期待を伝えることができれば部下のモチベーションはかえって高まりもするのです。このように「徹底して論理的に叱る」という行為こそ、人材マネジメントの根幹であると考えている経営者も多くいます。この行為は、部下との信頼関係を築き、離職率を下げ、モチベーションを高める手段だからです。このとき、感情的に怒鳴るようなやり方は論外です。**静かに諭すように、相手への期待を伝えながら「徹底して論理的に叱る」**のです。

とはいえ、昨今はロジカル・ハラスメント（ロジハラ）にも注意しないとなりません。やはり、こうして叱る前には、徹底して聞く態度（フェーズ❶）が必要になります。また、感情的になってしまってはなりません。色々とハラスメントを意識しなければならない、バランスを取るのが難しい時代ですが、大切なことです。慣れるしかありません。

［フェーズ❹　感情のフォローアップをする］

どんなに柔らかい叱り方をしても、部下は、自分が叱られたら「会社を辞めさせられるかもしれない」と、とても不安になります。ですからただ叱るだけでは、部下は保身の気持ちから課長の敵になってしまい、むしろ逆効果です。

課長が部下を叱るのは、部下を不安にさせるためではなく、より活躍してもらいたいから、もっとはっきり言えば部下を愛しているからです。その気持ちを伝えるには、**叱った直後に、次のプロジェクトの話題などを出すことで、部下への期待をはっきりと示し、そ**

の場を明るい雰囲気で閉じることが大切です。

心理学的にはピーク・エンドの法則といって、人間が特定の出来事に対して全体的な印象を持つとき、それは感情の高まり（ピーク）と最後の印象（エンド）だけで決まるのです。感情の高まり（ピーク）は、叱られたというネガティブなものかもしれません。しかし、最後の印象（エンド）は、あなた次第です。部下を叱るときは、その終わり方を、できる限りポジティブにすることは、とても大切なノウハウです。

また、いつまでも同じ問題についてクドクド言ったりしてはいけません。さっぱり、さっさと次に行きましょう。

＊　＊　＊

部下を叱ることの反対とは、ほめることではなくて、部下について無関心でいるということです。部下の業績が悪くても何も言わないということは、課長が部下のことをその程度の存在に過ぎないと考えているということになります。叱るという行為は、課長にとって嫌な仕事なのですが、とても大切な、価値のあることです。

なお、ポジティブ心理学の知見によれば、ほめると叱るの最適なバランスは「ほめる6：叱る1」とされます。イメージでは、ほめる、叱る、ほめるというように、ピーク・エンドの法則も意識して、叱ることは、ほめることの間にサンドイッチすることが重要です。

十分にほめられる土壌があって初めて、叱ることの効果が得られるのを忘れないでください。

ところで、**チームが良い方向に成熟してくれれば、課長が叱るまでもなく、部下同士の間で「そんなことではダメだ」という具合に叱り合うようになります。**

そうしたチームを作るためには、課の仕事の進め方に関して、課の構成員からの共感を得つつ、コロコロ方針を変えずに一貫したメッセージを伝えていくことが重要です。この域にまで達しているチームは、周囲から少し浮いて見えるほどに強いチームです。

COLUMN

モチベーションは教育の手段ではなく目的である

厳しい受験戦争を経験している日本人の場合、モチベーションは、志望校に合格するための手段であると誤解しやすいかもしれません。同様にして、部下のモチベーションは、高い業績を上げるための手段にすぎないと考えているならば、問題です。

子どもの教育においては「この世界のことを知りたい」という（内発的な）モチベーションを高めることが最大の目的とされるべきです。試験で良い成績をとるとほめてもらえる、といった（外発的な）モチベーションを刺激することも、短期的には重要かもしれません。しかしそれでは、長期的には、ほめられないと勉強をしない人間を生み出してしまいます。

試験で良い成績をとるようなことこそ、長期的に勉強を積み上げるための手段です。勉強するのは、誰かにほめてもらえるからではなく、それ自体が楽しいから（生きるモチベーションになるから）です。そうした「誰にもほめてもらえなくても、勉強し続けることのできる人間」をつくることこそ、教育が本来、目指すところなのです。

部下の教育においても「ただ一度きりの人生を、真面目に一生懸命駆け抜けたい」といった（内発的な）モチベーションを高めることが最大の目的です。高い業績を上げてほめられたいといった（外発的な）モチベーションも、短期的には意味があります。特に経験の浅い若手の場合は、ほめてやらなければ動かないといったことも起こります。しかし長期的には、他者からもたらされるアメとムチで行動する人間ではなく、自発的に、真面目に一生懸命仕事に向かえる人間を育成することが、教育の目的なのです。

それは、仕事に向き合うこと自体が楽しいと感じられる人間を育てることです。部下のモチベーション管理の本質は、部下に仕事自体の楽しさを伝えることなのです。そのためには、あなた自身が、自らの仕事を楽しんでいる必要があります。仕事には辛いこともたくさんあります。しかし根本のところで、キャリアの成功と失敗を担うのは、やはり自分の仕事自体が好きかどうかであることは、納得していただけるでしょう。

仕事に限らず、遊びや趣味でも、それ自体を好きになるために必要なのは「成長の実感」です。ＲＰＧは、この「成長の実感」だけでできているゲームと言っても過言ではありません。誰もが好む映画や小説、漫画などに共通するのは「主人公が困難を乗り越えて成長していく」という英雄譚（ヒーローズ・ジャーニー）です。人間が楽しいと感じることの多くは、背後に「人間の成長」があることを認識しておく必要があります。

ほめたり、叱ったりすることも、究極的には、その結果として子どもや部下を成長させ、それを実感させることで「成長の中毒」にさせるのです。ほめられる喜び、叱られる悔しさも「成長の実感」に比べれば些細なことです。もちろん、ほめることも叱ることも重要です。しかしそれらは、長期的には重要なことではなくなります。経営者にもなれば、ほめられることはなく、一方的に叱られることばかりであっても、仕事に向かわなければなりません。そのとき、経営者のモチベーションを支えるのは、自分の仕事自体への愛情しかないのです。

スキル4 現場を観察し次を予測する

「上司はどっしりと構えて座っていろ」というのは、もはや古い管理職の発想です。上司に「風格」ばかりが求められた高度成長期はとっくの昔に終わりました。現代はめまぐるしく変化する現場環境をすばやく把握できる**「動き回る管理職（MBWA＝Management By Wandering Around)」が求められる時代**です。

「動き回る管理職」という発想は、IBMやP&G、3Mなど、世界でもその経営スタイルが尊敬される先進的な企業が取り入れているものです。自社の強みや弱みを現場で直感的に理解するために有効な手段であると言われています。

現場が大事ということは、誰もが理解していると思います。ただ、現場で重要な情報を収集し、それをビジネスモデルとして構築するのは容易ではありません。しかしそれが、課長に求められていることです。**現場、すなわち顧客接点において、何が起こっているのかを正確に把握し、課題を見出し、それをプロセスで解決することが、課長の仕事**です。

現場で顧客ニーズに関する情報を得ることなしに、課題を見つけることはできません。

社会が急速に変化する時代、現場情報に精通していることは、現場から遠いところで空中戦をすることよりも、ずっと価値のあることになっていきます。将来の経営者は、今よりもずっと現場に近いところにいなければ、仕事にならなくなるでしょう。そうした意味でも、課長は、これまで以上に現場情報に強くなっていく必要があります。ただし、それはプレーヤーとして現場の仕事をしながらではありません。一連のプロセスとして、それを実現する必要があるのです。プロセスとして、現場を歩き回る課長を考える必要があります。

オンライン会議やグループウェアの出現で、直接部下に会わなくともコミュニケーションが取れる時代だからこそ、逆に現場に足を運ばないと見えないもの・感じられないもの（暗黙知）の価値が増しているのです。織田裕二氏が好演したドラマ『踊る大捜査線』で、「事件は会議室で起きてるんじゃない、現場で起きてるんだ！」という印象的なセリフがありましたが、まったくその通りです。しかも変化の激しい時代には、そうした事件の数自体が増えていると考えるべきでしょう。

「監視」ではなく「注目」する

課長が現場に降りてきてくれるということは、部下にとっては、自分の仕事が重要である証拠になります。部下は注目されていると感じ、モチベーションが高まります（心理学的にはホーソン効果といいます）。

とはいえ、部下が「常に課長に監視されている」というストレスを感じてしまうような観察の仕方をしてしまっては、逆効果です。細かく部下の仕事ぶりをチェックし、些細なことでも指示を出すような管理手法のことを、経営学の世界では「マイクロ・マネジメント」と呼んで軽蔑さえするほどです。

部下は十分に教育する必要がありますが、**教育をしたら、後は部下の能力を信頼し、部下の思う通りに仕事をさせるというのが現代的な管理手法**です。

現場では、課長はとにかく直感に頼って情報を収集します。まずは、面と向かって顧客や部下と「おしゃべり」することで、メールや報告書では感じ取れない「熱（ホット・スポット）」を感じ取ることに意識を集中させると良いでしょう。重要なのは、仕事の話をしつつ、わざと話を脱線させることです（部下のプロフィールを熟知するためにも必要であることは前述した通りです）。そうしてあれこれと話をしていると、数字の上では好調な商品も、現場では「もはや死につつある商品」として感じられるかもしれません。逆に、撤退を考えていた商品に、新たな商機を見出すこともあるかもしれません。

こうした**ホット・スポットを理解してはじめて、課長は「次に起こること」を予測しながら仕事のプランを立てることができるようになる**のです。このように直感に頼ることを危ないと感じる人も多いでしょう。しかし、私たちは、そもそも直感しか存在しなかった原始時代を生き抜いた先祖の子孫です。直感にだけ頼るのは危険ですが、直感を無視することはもっと危険です。

次の一手というのは、実際に事が発生してから打つのではなく、事が発生する前に打つものです。そのためには、課長は現場を動き回らなければなりません。

昨今、フルリモートの職場（出社の義務がない職場）も増えてきました。フルリモート自体には、良い面もたくさんあるのですが、やはり、物理的な現場がなく、全てがオンラインで完結することには弊害もあります。その弊害の代表的なものは、ここでいうところの直感を働かせることが難しいことにあります。

あなたがもし、フルリモートの職場で働いているとするなら、この弱点を、何らかの方法で埋め合わせる必要があるでしょう。具体的には、定期的にリアルのミーティングをもったり、意識して客先にはリアルで訪問したりといったことが重要になります。

スキル 5 ストレスを適度な状態に管理する

ストレスと聞くと受験勉強や激務をこなすビジネスパーソンの印象があって、ネガティブなイメージを受けるものです。

しかし人間は、ストレスのまったくない状態でダラダラとユルみきっていても駄目で、**適度なストレスがある状態は人が良好なパフォーマンスを出すために必要**です。受験勉強が「過度なストレス」の例なら、ゆとり教育は逆に「少なすぎるストレス」の例と言っても良いかもしれません。

心理学的にはヤーキズ・ドットソンの法則といって「ストレスが適度な状態で、パフォーマンスは最大化する」ことが知られています。より理解を深めるために、部下のパフォーマンスが、ストレスからどのような影響を受けるのかを、126ページの図に示します。

部下のストレスを管理する

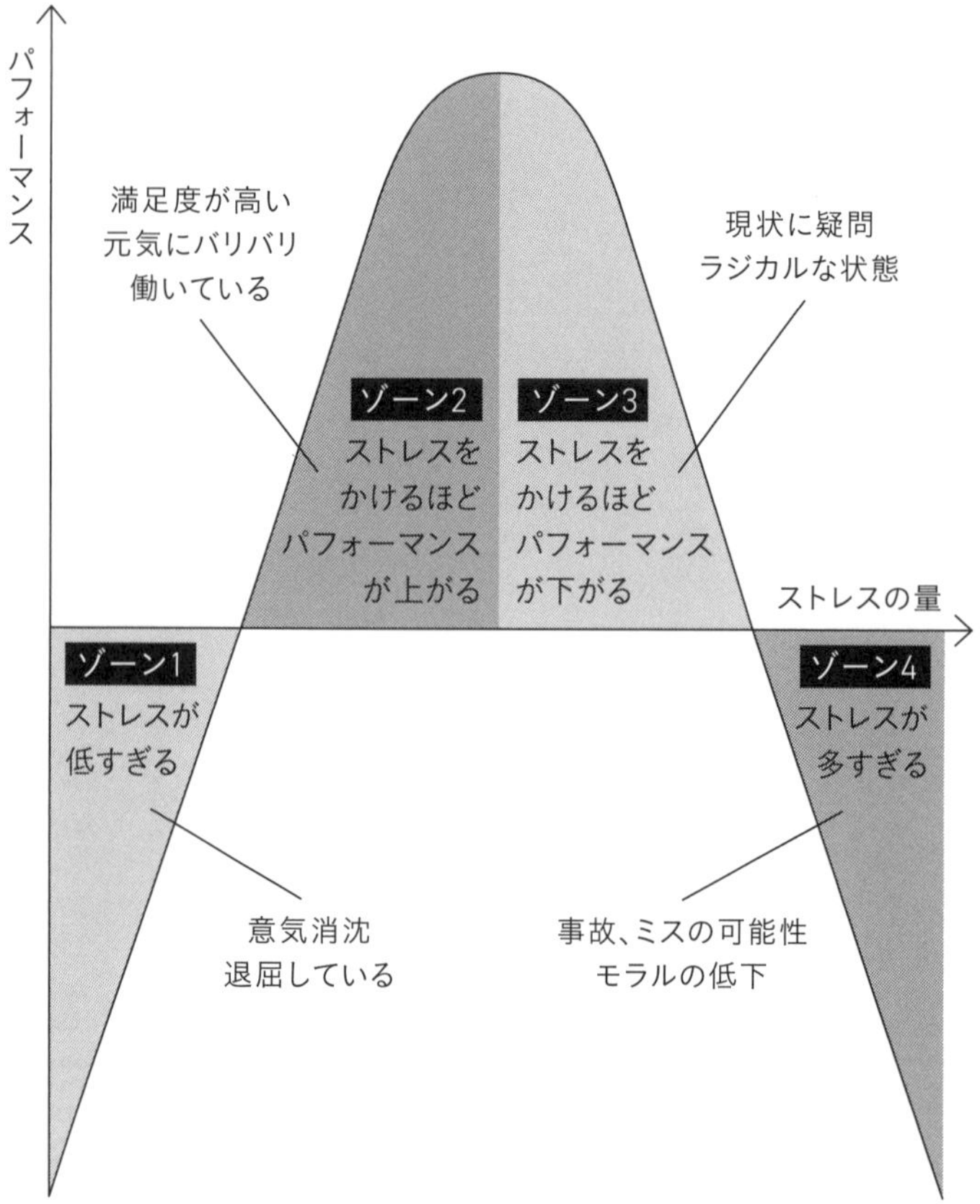
パフォーマンス
ストレスの量
満足度が高い
元気にバリバリ
働いている
現状に疑問
ラジカルな状態
ゾーン2
ストレスを
かけるほど
パフォーマンス
が上がる
ゾーン3
ストレスを
かけるほど
パフォーマンス
が下がる
ゾーン1
ストレスが
低すぎる
ゾーン4
ストレスが
多すぎる
意気消沈
退屈している
事故、ミスの可能性
モラルの低下

［ゾーン❶　ストレスが低すぎる］

ストレスが少なすぎて本来の力すら出ていない状態です。

仕事が簡単すぎる、仕事量が少なすぎる、課長からの指導やプレッシャーが少ない、あまりに安定していてノンビリとした仕事をしているといった状況です。

このゾーンにいる部下は意気消沈していたり、退屈しています。自分は「もっとできるはず」という気持ちにとらわれ焦っているかもしれません。**退屈というのは、人間にとって最悪の牢屋**とも言われます。もしそうでないならば、刑務所における独房が罰として機能しなくなります。

いつまでたっても仕事を任されない新入社員や定年退職した人などが陥りやすい状態でもあります。最近では、若くして資産を積み上げ引退（FIRE）するような人も、同じ問題に直面することになります。ビジネス以外の場面では、子育てから解放された後の親の状態なども、このゾーンに含まれるでしょう。日常的なストレスから、完全に解放されてしまうというのも問題なのです。

定年退職や現役引退というのは「毎日が日曜日」といわれる、夢のような状態ではありません。社会とのつながりが切れて、ストレスが極端に少ない状態に置かれてしまう不幸なのです。これからの時代は、定年退職後も働かなければ生きていけないような世界になっていきます。一見、それは不幸なことのようですが、実は、医学的には理想的なことだったりします。適度なストレスは、元気の源なのです。

［ゾーン❷　ストレスをかけるほどパフォーマンスが上がる］

ほどほどのストレスが与えられており、より大きなストレスをかけるほどパフォーマンスが上がる状態です。よりチャレンジングな仕事を任せたり、より多くの仕事量を与えたりすると、部下もそれに喜んで応えてくれるでしょう。

叱られても、素直に反省してパフォーマンスを向上させるだけの耐久性も期待できるかもしれません。元気にバリバリ働いているイメージです。このゾーンにいる部下は仕事に満足している可能性が高く、離職率も比較的低くなるでしょう。充実感とともに、忙しく仕事をしている状態は、幸福です。

一見、理想的な状態のように感じられるかもしれませんが、イノベーションの観点からは、決して良い状態とはいえません。本人も充実したキャリアを実感しており、それを理想と感じても仕方がありません。しかし、組織としては、ここに矛盾が生じやすいのです。

ストレスによってパフォーマンスが上がっているとはいえ、それは「これまで通りの仕事のやり方で、仕事量を増やしているだけ」といえば、伝わりやすいでしょうか。仕事量をこなすことは、仕事の質にもつながってきます。なので、それはそれで良いのですが、この状態を続けていても、新しい仕事のやり方を身につけることはできないところにも、注目する必要があります。

［ゾーン❸　ストレスをかけるほどパフォーマンスが下がる］

これ以上ストレスを受けるとパフォーマンスが下がる状態です。仕事が難しすぎるか、仕事量が多すぎてアップアップとなっているイメージでしょうか。バリバリ仕事をこなしてはいても、明るさが失われ、笑顔が減っているかもしれません。

このゾーンにいる部下は、仕事の現状に疑問を抱きはじめ、転職を考える可能性が高まっているでしょう。この状態の部下を叱るのは逆効果です。

ただしこのゾーンは、イノベーションを起こす可能性が高い「ラジカルな状態」であるということは、重要なポイントです。**イノベーションは、大きなプレッシャーの中からしか生まれない**ものだからです。

たとえば、新しい顧客獲得のために、毎日、アポイントのために30本の電話をしている部下がいたとします。平均的に、そうして毎日、1件のアポイントを得ていたとしましょう。アポイントの獲得率1／30でした。この部下は、さらにアポイントを獲得したいというモチベーションから、自主的に毎日40本まで電話の数を増やしていました。大変な仕事でしたが、この部下は、頑張っていました。

ところが、会社全体の業績が、目標に達しないことがわかりました。そこで経営陣は、この新規アポイントの獲得に注目し、部下は、毎日60本の電話をかけることを強いられました。自主的に40本まで増やしたときはむしろ元気だった部下（ゾーン❷にいた）も、60本ともなると完全に疲弊し、元気が失われていきました。それまで1／30の確率で取れていたアポイントも、1／50まで落ちてしまいました。結局、日々獲得できるアポイントの総数にほとんど変化はなかったのです。

こうした部下は、元気が失われているだけでなく、その結果として、パフォーマンスも低下しています。これ以上、電話の本数を増やしても、獲得率はさらに低下しそうです。非常に悩ましい状況ですが、実は、この状態こそが、部下にとっての飛躍のチャンスなのです。

こうして、自分の能力を超えるほどに困難な仕事を与えられた部下は、なんとかしようと必死に勉強しているかもしれません。増え続ける仕事量を減らすために、業務プロセスの改善を考えているかもしれません。競合に負け、減り続けるマーケット・シェアに悩み、これまでになかった新製品のプランを検討しているかもしれません。課長は、この状態にある部下を積極的に支援する必要があります。

専門的には「修羅場の経験」といって、これまで慣れ親しんだ仕事のやり方では通用しない状態です。こうした経験を乗り越えることは「これまでとは違うやり方を試しながら、新しい自分に脱皮する」ということです。辛く、苦しいことですが、そうしたことを乗り越えた先にしか、真の意味での成長はありません。

［ゾーン❹ ストレスが多すぎる］

ストレスが多すぎて、本来の力が発揮できていない状態です。真剣に転職を考えているでしょう。上司や顧客の意見を無視したり、自暴自棄になったりしています。本来のモラルも失われているかもしれません。過労で生命の危険すらあるかもしれません。

絶対に覚えておきたいのは、**この状態にある部下はさまざまな事故やミスを起こしやすく、ビジネス全体にとって危険な存在**であるということです。実際、多くの事故は、こうした過度のストレスが原因で発生しています。

医療関係、機械や化学品などを取り扱う工場での仕事などであれば、こうした事故で人命が失われるかもしれません。顧客からの注文を取り間違えたり、発注金額や数量を間違えたり、売上の水増しや利益の付け替えなどの違法行為まで働いてしまうかもしれません。

このゾーンにいる部下は、余裕がまったくない状態なので、イノベーションを起こせるだけの創造力を発揮することもありません。イノベーションを起こせない企業に、未来はありません。

＊＊＊

結論としては、**部下のストレス・レベルをゾーン2とゾーン3になるようにコントロールすることがストレス管理の本質**です。

課全体のパフォーマンスを保ちつつ、イノベーションを促進させるために、ゾーン2にいる部下とゾーン3にいる部下の混成比率を慎重に考えて仕事を割り振ります。それぞれの個性や心身の状態にも配慮をする必要があります。

ゾーン3にいる部下に対しては、仕事のやり方（プロセスの視点）を変更するための支援と指導が絶対に必要です。先の例で言えば、これ以上、部下1人で電話の本数を増やすことはできません。であるならば、アポイントの獲得率を上げるための方法（トークスクリプトを見直すなど）を行いながら、電話がけのアウトソーシング先を探す必要があるでしょう。また、そもそも電話によるアポイントの獲得自体を見直し、別の方法（無料セミナー開催によるアポイントの獲得など）も検討すべきです。

そして、決して部下をゾーン4に追い込まないことが課長として持つべき大切なスキルです。ゾーン4に部下を追い込むことは、管理監督責任の放棄です。それで何らかの損失が出た場合、責任を問われることになるのは課長です。

最後に、ストレス管理の対象となるのは何も部下ばかりではありません。課長自ら、そして家族や地域社会の仲間たちについてもストレス管理の対象であることは、忘れてはなりません。特に、過度なストレスは、人間の攻撃性を高めてしまうことがわかっています。それが原因で、普段は温厚な人であっても、パワハラを行ってしまうこともあるそうです。注意しましょう。

スキル
6
部下をコーチングして答えを引き出す

コーチングは、その言葉のニュアンスから、何やらアドバイスや指示をするようなことだと誤解されることが多いものです。しかし、管理手法のひとつとして広くその効果が認められているコーチングでは、アドバイスや指示はむしろ禁止されています。

コーチングの前提とするところは「問題の答えは、その人の中にこそ存在する」という発想です。その答えを引き出すための技術が「質問」です。

コーチングは「質問をベースにしたコミュニケーションの技術」と理解してもいいでしょう。「上手に質問を繰り出すことで、問題をその人自身に解決させようという試み」と言いかえることもできます。

コーチング3つの目的

［目的❶ 潜在能力を引き出す］

誰でも、常にその人が持っている能力を最大限に発揮しているわけではありません。逆に言うなら、ほんの少しでも部下の中に眠っている本来の力を解放してやることができれば、部署の業績を上げることができるはずです。

［目的❷ 思考プロセスを鍛える］

コーチングのプロセスでは質問を繰り返し投げかけます。こうした問いかけこそが問題を解決する手段であることを、部下が身をもって体験することが2つめの目的です。

知識の有無よりもむしろ、こうした自問自答の力をつけることが、キャリアの将来を左右します。ですから**コーチングは、部下が自分自身の内面に向かって自分で質問をする技術を学ぶトレーニング**であると位置づけることもできます。

究極的には、コーチングはコーチなしで自立できる部下を育て、部署がより自立した組織として活動できるようになることを目的としています。

［目的❸ モチベーションを高める］

忘れてはならないコーチングの目的に、部下のモチベーションを高めるということが挙げられます。

いきなり部下のコーチングを始めたとしても、最初はあまりうまくいかないかもしれません。しかし、それでかまわないのです。部下からしてみれば、課長が自分のために時間を割いて、自分の潜在能力を引き出そうとしてくれた事実は、強烈な印象として残ります。**「課長に気にかけてもらっている」ということを実感させる**ことが、部下のモチベーション管理の本質であることを忘れないでください。

コーチング3つの心構え

［心構え❶　部下の価値を認め、可能性を信じる］

精神面では「部下のことを大切に想う気持ち」がコーチングの鍵になります。

部下の価値を高く評価し、部下の可能性を信じ、そして部下が成功することを本心から願う気持ちが重要です。しかしそれだけでは不十分で、**部下の価値を認めていること、可能性を信じていることを部下にしっかりと伝えないと意味がありません。**

直接言葉にすると白々しく感じられるような場合は、話を聞くときの態度でそれを示していくことになりますが、やはりときにははっきりと言葉で伝えることも重要でしょう。

［心構え❷　秘密を固く守り、信頼関係を築く］

部下の話には、プライベートに関することなども含まれるのが普通です。ですから事前に秘密は秘密として守ることを約束し、その約束を固く守ることが大前提です。守秘の信頼があって初めてコーチングは成立します。

また、どれほどの信頼関係があったとしても、部下には質問されても答えたくないこともあります。言いたくない秘密まで言う必要はないことをはっきりと言葉で伝えましょう。

［心構え❸　コーチングですべての問題が解決できるとは思わない］

コーチングは万能ではなく、解決できる問題には限りがあることを心の片隅に置いておく必要もあります。**ときにはアドバイスや指示を与えたり、ほめたり叱ったりすることも必要**なのです。

これは、当たり前のことのようですが、よくよく注意する必要があります。コーチングだけでは、部下の潜在能力は、全体の一部しか引き上げられません。コーチングは、非常に重要なスキルですが、同時に、その限界を理解することも大切です。

コーチング3つの禁止事項

［**禁止事項❶　アドバイスや指示、提案などは決して行わない**］

部下の話を聞いていると、どんな話題であれ、ついアドバイスをしたくなるものです。経験的には、アドバイスの押し付けをしたがる傾向は、特に男性に多く見られるようです（マウンティングの一種なのでしょう）。しかし、**コーチングの大前提は「問題の答えはその人の中にある」のを信じること**です。

たった一度のコーチングで部下が問題の解答にまで辿りつけることはまれです。根気良く課長としてアドバイスや提案をしたくなる気持ちをおさえて何度でも質問をしてあげることが重要です。

［**禁止事項❷　YES、NOで答えられるような質問は避ける**］

「YES、NOで答えられる質問」というのは、誘導尋問になりかねず、コーチングを台無しにしてしまいます。

こうした「閉じた質問（＝クローズド・クエスチョン）」をまったくしないでいるのは難しい

ものですが、それでもできる限り「どうにでも答えられる質問（＝オープン・クエスチョン）」をするように心がけます。

［禁止事項❸「なぜ？」と質問するときには、非難の意味を込めない］

部下が心を開きやすくするためには、ポジティブな雰囲気が大切です。

コーチングでは「なぜ？」という質問を多くしますが、人は「なぜ？」と聞かれると非難されているような嫌な気分になるものです。それに、人は自らの行動すべてに明確な理由を持っているとは限りません。

「なぜ？」を使うときには、ネガティブな印象を与えないよう、表情や声のトーンに細心の注意を払います。それが難しければ「別に、全然非難しているんじゃないからね、ところで、なぜ～」といった具合に、非難するつもりがまったくないということを言葉で伝えてしまうという方法があります。

コーチングのスキルアップには

コーチングというのは、なにも「今からコーチングするぞ」といって、特別な状況をセッティングしないとできないようなものではありません。コーチングの練習はすぐにでも始められます。誰かを呼びつけてコーチングの場を設定する必要もありません。ときにはきちんと時間を確保してコーチングをするようなこともあるでしょうが、実際には**毎日の部下との会話の一つ一つがコーチングの機会**なのです。

普段の会話で意識して聞き上手、質問上手になれるよう努力すれば良いのです。そうして少しずつ、話を引き出すために有効な聞く態度や質問のパターン、表情や声のトーンなどを体験を通して覚えていきます。

普段の会話をコーチングまで引き上げるために知っておきたいテクニックとして「ミミッキング」が挙げられます。英語で「真似をする」を意味するミミック（mimic）から来ている言葉です。これは、相手の発言内容の一部を真似して投げ返すテクニックです。結果として会話が途切れにくく、かつ、相手の話を尊重する形になります。

部下「最近、出勤前にカフェで勉強してるんです」
課長「おお、カフェで勉強しているんだ」
部下「周囲の人も勉強してるので、集中できるんです」

課長「みんな、勉強してるんだね、偉いなぁ」

このとき、**自分の眉毛を動かすことも大切**になります。人間は、相手の眉毛の動きで、相手の感情を理解しているからです。専門的には「アイブロウ・フラッシュ」と言います。子どもは、よく眉毛を動かして、相手に感情を伝えるものです（8歳くらいまで）。しかし大人になるにつれて、人間は自分の感情を隠すようになり、眉毛を動かさなくなります。そうして、他者から「冷たい」と言われて戸惑うようにもなるわけです。

出先で偶然、昔ながらの友人に会ったとき、眉毛を上げるでしょう。これは、相手に好意を伝えるボディランゲージです。それと同じように、意識して、会話をするときに眉毛を上げるようにしてみてください。周囲から「なんだか印象が明るくなりましたね」と言われると思います。ちょっと大袈裟に言えば、眉毛を動かすようになるだけで、あなたの人生は好転するかもしれません。

こうしたコーチングのスキルが身についてくれば、自然と部下から相談を受ける機会が多くなるはずです。部下からの相談件数が増えているなら、あなたのコーチング技術は、しっかりと上がっていると確認できます。そうでないなら、自分のコーチングスキルを疑い、専門書を読んだり、外部の研修などを活用する必要があるでしょう。

スキル7 楽しく没頭できるように仕事をアレンジする

サルから進化した人間が、科学を今日のようなレベルにまで発展させることに成功したのはなぜだったのでしょうか。

「人類の役に立つから」、「お金が儲かるから」という側面もあるでしょうが、思考すること自体に人間が「没頭してしまうような楽しさ」を感じていたから、という視点は無視できません。人類の文化文明の少なからぬものは、それらをすることが「楽しかったから」こそ歴史的に発展してきたという側面があるのです。

このような「没頭してしまうような楽しさ」が得られている典型的な例としては、スポーツや編物、パズルゲーム、庭仕事などの趣味に熱中している状態が挙げられます。こうした状態が生まれるときの背景を詳しく研究し、それを**「フロー体験」**と名づけたのが心理学者のM・チクセントミハイ教授（クレアモント大学院大学）でした。

仮にもし、**部下が日々の仕事からフロー体験を得ることができるとするなら、それは部**

下にとっても会社にとっても最高の状態でしょう。

チクセントミハイ教授が発見した「人間がフロー体験に至るために必要となる数々の要因」をもとに、日々の仕事に部下が没頭し、フロー体験をする、あるいは少しでもそれに近い状態になるための条件を次の5つにまとめました。

仕事に没頭する状態5つの条件

［条件❶　やることの目的と価値が明確になっている］

大きな視点から、部下の仕事が、この社会にとってどういう価値があるのかを明確に示してやることが重要です。**人間は目的に合意しないままに、手段だけに集中することはできない生き物**だからです。部下はまず、仕事の目的とその価値を理解することがなければ、仕事に没頭することはできません。

また、部下の仕事に感謝の気持ちを伝え、部分的にでも成し遂げたら「ほめる」ことで、部下は自分の仕事に価値を見出すことができます。

たとえそれが自分の収入を支えているとしても、価値がない仕事をするのは誰にとっても苦痛です。誰かに「ありがとう」と言ってもらえる仕事をしていると実感できれば、モチベーションは高まるでしょう。

課長は、壊れたレコードのように、何度でも部下の仕事の価値を語るべきなのです。

［条件❷　活動を自分でコントロールできる］

仕事に関する決断をするために、関係各位の顔色をうかがう必要があるようでは、仕事に没頭することはできません。ですから**部下には、できる限りの権限を与え、基本的に部下の仕事は部下に任せる**べきです。任されているということで部下には自信もつきますし、同時に緊張感も生まれます。

スターバックスコーヒーには、従業員向けの接客マニュアルがないというのをご存知ですか？　これは従業員に「顧客が心から満足するサービス」を自らの頭で考えさせることが従業員のモチベーションを高めることを、スターバックスの経営陣が鋭く見抜いているからです。

そもそも顧客の要望というのは多様なわけで、それに画一的なマニュアルで対応しようとすること自体が無謀なのだという哲学です。

［条件❸　活動の難易度がちょうど良い］

簡単すぎるゲームは、つまらないでしょう。逆に、難しすぎるゲームは、嫌になって当然です。対象となるゲームが面白いかどうかは、適度な難易度によって決まるのです。

課長が部下に任せる仕事は、通常はルーティン・ワークであるべきです。しかし、それが部下の経験や能力と比較して簡単すぎるものになってはいないか、常に観察することを忘れてはいけません。

部下によっては、課長とほとんど変わらないレベルで仕事ができるベテラン係長もいるでしょう。そうした部下には、十分にチャレンジングな仕事を与えましょう。

とはいえ、与える仕事があまりに難しすぎてしまっては、部下も自信をなくしてしまいます。**少し背伸びすれば届くような仕事を常に与えておく**というのがポイントです。人間は「昨日の背伸びは、今日の当たり前」として成長していくものだからです。

［条件❹　活動中に邪魔が入らない］

何かに熱中しているときに電話が鳴ったり、誰かが声をかけてきたりすると、せっかくの集中が途切れてしまうことがあります。集中力を持続させる能力は個人差が大きいので、それぞれの部下に合った集中できる環境を、可能な範囲で準備するように努めます。簡単で良く知られている対策としては、**パーテーションにより部下のデスクをそれぞれ半個室にしてしまう**ことです。

完全に個室にしてしまうと、部下同士の気軽なコミュニケーションが減ってしまい、イノベーションが起こりにくくなるので気をつけましょう。また、部下によっては集中したいときは会議室にこもるなどの方法が取れるように配慮します。

［条件❺　活動の最中、その成功と失敗が明確になる］

課長がきちんと仕事の成り行きを見守り、その良し悪しを一貫性のある判断基準でもって示すことで、部下は仕事にゲーム性を持ち込むことができるようになります。結果として、ゲーム感覚で仕事のテクニックを磨く楽しみが感じられるようになります。

このための簡単な方法は、**経験や能力が同程度にある部下同士を、明確な基準を設けて競わせる**ことです。大げさにならないレベルで、競争に勝った部下にご褒美を用意しても良いでしょう。

ただし競争とはいっても、あくまでゲームとして楽しむような余裕を持たせることが大切です。ゲームの勝ち負けでは人事査定に差をつけないと宣言しておくと良いでしょう。

スキル

8

オフサイト・ミーティングでチームの結束を高める

日常的な組織の中では、立場や肩書きによって、どうしても話しにくいことがあるものです。むしろ仕事中は、自由な発言をする機会など、ほとんどないのが普通でしょう。

オフサイト・ミーティングは、こうした「話しにくさ」の原因となる立場や肩書き（＝サイト）を取っ払って、皆がホンネで話し合い、チームの結束を堅固なものとすることを目的としています。**「論理」ではなくて「共感」、「まじめ」ではなくて「遊び心」を大切にするミーティング**であると言うこともできるでしょう。

飲み会に代わる本音のコミュニケーションの場

一昔前であれば、同僚や部下から、このような立場や肩書きを超えたホンネを聞き出すのは居酒屋と相場が決まっていました。「無礼講」の飲み会によって、チームの結束を固めた時代もありましたし、今でもこの方法は一部では通用します。

しかし現代の多くの若い部下は、上司との飲み会に参加しなくなってきているようです。それに、そもそも夜遅い時間の居酒屋でのコミュニケーションには、女性の参加が難しいという決定的な弱点もあります。さらに最近は、契約社員や派遣社員、パートなどの非正社員が増えています。非正社員は正社員と飲みに行っても、なかなかホンネは言いにくいものです。

こうした背景から、**どこか居酒屋ではないところで、立場や肩書きを超えた部下全員のホンネを聞き出す機会が、これまで以上に強く求められています。**その方法が、オフサイト・ミーティングというわけです。

オフサイト・ミーティングでは、アルコールなしで参加者をリラックスさせる工夫が必要になってきます。筆者がこれまでに見てきた工夫の例をご紹介します。

［リラックスしたミーティングのための工夫］

・全員、私服で参加する（仮装、コスプレというのもアリ）
・お互いをファーストネームで呼び合う（あだ名でも良い）
・「ハンカチ落としのような懐かしいゲーム」からミーティングを始める

・天気の良い日に、野外でバーベキューをしながらミーティングをする
・全員、長い自己紹介をする（各人30分以上が目安）
・失敗自慢大会（これまでに最も恥ずかしかった経験の話）をする
・スナック類や菓子、飴などを食べながら話をする
・前職の話をする（転職者が多い職場の場合）

参加者全員には、なるべく平等に話をする時間を与えます。特に普段はあまりしゃべらない人にこそ、発言の機会をふんだんに与えるようにしましょう。
オフサイト・ミーティングの基本的なルールは、以下のようなものです。

［オフサイト・ミーティングのルール］

・「自分はこう思う」という語り合いをする（議論をしない）
・話している人以外の人は、聞くことに徹する
・十分な時間を確保して、勤務時間中に行う（最低でも半日以上が望ましい）
・特定の誰かを批判することにならないような大きなテーマで語り合うのが望ましい
・テーマから外れてしまうような話も容認する（批判はなし）

・結論が出なくて当たり前

騙されたと思って、一度このオフサイト・ミーティングを開いてみてください。部下の意外な才能を発見したり、課の結束が高まったりと、想像以上の効果に驚くと思います。これまでに何度も一緒に飲みに行っていた部下の趣味すら知らなかったという事実にがく然とすることもあるかもしれません。

オフサイト・ミーティングは継続して何度も行う

このミーティングの難しさは、継続させることにあります。

話題がマンネリ化しないよう課題図書を指定したり、参加メンバーを課内から社内へと自由に広げたり、観光バスを借り切って紅葉観光でもしながらミーティングを行ったり、ゲスト・スピーカー(自社の役員、顧客や仕入先のキーマンなど)を呼んでみたりと、ミーティングを何度でも重ねるための工夫がとても大切になってきます。

オフサイト・ミーティングの良さは、それぞれが肩書きの異なる社員である前に、魅力的な人間であるという、当たり前のことを思い出させてくれることです。皆と一緒にいられるだけでなんだか楽しいという心理状態になれば大成功です。

真面目に仕事をしているチームの構成員の間では、仕事をめぐってぶつかり合うことが多くあります。些細なことから人間関係に亀裂が生まれることも日常茶飯事です。ところが人間関係にできてしまった亀裂というのは、川をまたぐ橋に生まれた亀裂のようなもので、放っておいて良くなるということはありません。

亀裂を修復するために必要なことは、間に亀裂ができてしまった人同士が共に笑い合うことだと思います。そもそも人間はなぜ笑うのか、その社会的な効果を実感するためにも、オフサイト・ミーティングを実施してみてください。

ところで、仲の良すぎるチームというのは、チームの結束を合理的な判断に優先させてしまうので、逆にチームとしての効率が悪くなるという研究成果も存在します。しかし、現代の日本企業においては、従業員の仲が良くなりすぎるというのは杞憂というものでしょう。

筆者としては、**多少の合理性が犠牲になっても、チームのメンバーがお互いに心の壁を取り払って話し合えるような状態にあることが理想的**ではないかと考えています。たった一度の人生で、偶然とはいえ同じチームのメンバーとして長時間を共にすることになったのですから、仲良くなれないなんて変でしょう？

オフサイト・ミーティングの度に、きちんと集合写真を撮影してメンバー全員に配るということを忘れずに実施しておくと良いでしょう。後になって、そんな写真が他のどんな成功の記憶よりもずっと大切な宝物になるものです。

［本章のポイント］

課長の基本スキル

- 部下が失敗しても、そのまま部長や経営者に報告してはならない。部下を守り安心させれば、部下はためらいなく悪い情報を課長に報告するようになる。

- 課長は、部下の行動と成果を評価し、感謝の意を伝えることで、部下への期待値の高さと、部下の進むべき方向を伝えなくてはならない。

- 部下を叱る目的は、部下自身が考え工夫するように促すことである。叱った後は、部下への期待を示し、明るい雰囲気でその場を閉じて「愛」を伝える。

- 課長は現場を動き回り、直感的に情報を集めることで「次」を予測すると同時に、部下に自分の仕事の重要性を感じさせ、モチベーションを高めることができる。

高いパフォーマンスを発揮できるストレス・レベルになるよう仕事を割り振る。本来の力が発揮できないほどストレスが多すぎる状態に追い込んではならない。

普段の会話で、聞き上手・質問上手になることでコーチングスキルを高めることができる。

部下が仕事に楽しく没頭できるよう5つの条件に配慮する。①目的と価値が明確 ②コントロールできる ③適切な難易度 ④邪魔が入らない ⑤成功基準が明確

肩書きや立場を取り払ってホンネで話せるオフサイト・ミーティングによってメンバーがお互いの意外な素顔を知り、チームの結束を高めることができる。

第3章

課長が巻き込まれる3つの非合理なゲーム

私たちは結局何をすべきか?
世の中を知り、それを軽蔑しないことだ。
――ゲーテ

人間社会は、合理的な機械のようなシステムで運用されているわけではありません。ところが組織というのは、「こういうインプットがあったら、こういうアウトプットが出る」というナイーブな（＝無菌室で育ってきたような、弱々しい）期待によって成り立っています。

ここに大きな落とし穴があります。それは、人間は機械ではなく、自由意志を持っている動物であるということです。当然、課長の仕事にも合理的とは言えないものが多くあります。

こうした非合理に、正義感でもって、正面から立ち向かうという選択もあります。しかし逆に割り切って、ゲームのようにとらえて手早く切り抜けることで、他のもっと大事な仕事の時間を確保するという選択もあります。

この章では後者の視点に立ちつつ論を進めます。

ゲーム
1
企業の成長を阻害する予算管理

予算管理とは、企業の業績向上を目的とした経営管理の方法で、古くから世界中の企業で採用されてきたものです。これは、大きく3つのステップで構成されています。

ステップ❶　経営目標の設定
＝ビジネス環境の分析から将来を予測し、成長の目標を立てる
ステップ❷　予算編成
＝成長目標を数値化し、組織内の各部署に目標を割り振る
ステップ❸　予実管理
＝数値目標と実績のズレを把握し、その原因を探り、必要ならば対策をとる

予算管理には、社員のコスト意識を高めたり、数字から課題を発見しやすくなるといっ

た良い面があります。その半面、社員が意欲的な成長目標を立てることをさまたげるという無視できない欠点もあります。この欠点は表立って語られることが少ないため、意外と忘れられています。

この欠点が生まれてしまう原因は、高い成長目標を立てると、目標に到達できずに、無駄に責任を取らされるリスクを負うことになってしまうことにあります。

つまり**「容易に達成可能な目標なのに、もっともらしい理由をつけて、非常に高い目標であるかのように脚色する」ことが予算管理の隠された本質**でもあるのです。ちょっとショッキングかもしれませんが、これは事実です。

実際、予算編成に数ヶ月という膨大な時間がかかるのは、ビジネス環境の分析が困難であるからではなく、現場と経営の間での数値目標の調整作業が必ず難航するからです。とても非合理なことですが、企業の成長に人事評価がリンクする経営者層と、予算達成に人事評価がリンクする中間管理職とでは利害のポイントが決定的に異なります。ですから、予算管理の目標数値というのは、どんなにうまくやっても「妥協の産物」にしかならないという宿命にあるのです。

こうした背景から、ガチガチの予算管理は、企業の成長を阻害する要因になります。こ

れを受けて、1998年にイギリスで設立されたBBRT（Beyond Budgeting Round Table）という団体を中心に、無益な予算管理からの脱却を考える企業の輪が世界的に広がりはじめています。

とはいえ、日本ではいまだにガチガチな予算管理が主流のようです。しかし、予算管理よりも明らかに優れている経営管理の方法はいまだに確立していません。さらに、自社の予算編成のあり方を決めるのは、課長の仕事ではなくて経営者の仕事です。プロの課長としては予算管理の本質的な問題点をはっきりと理解しつつも、会社の方針に従うまでです。

経営学者ではなく実務家であるならば、こうした非合理には、かける時間を極力少なくして、本筋である現場でのビジネスをまわすための時間を確保したいものです。

［予算管理　ルール❶］

数値目標は、ウソにならないレベルで悲観的な視点から立てる

必要経費などの出費は多めに見積もり、顧客からの入金などは少なめに見積もる

経営陣は、予算管理に関してもベテランです。悲観的な現場の予算案をすんなりと通してくれることはありません。むしろ、過去の実績と照らし合わせ、達成したい成長率を反映させた目標数値を押し付けてきます。他の部署の実績や、競合他社の数字なども使って説得をかけてくるでしょう。

もちろん経営側の予算案にも「花を持たせてやる」必要はあります。しかし未来は、単純に過去の延長として予測できないものです。こうした未来予測が当たるのであれば、そもそも予算管理というシステムそのものは必要ありません。

逆説的ですが、**予算は、当たらない（予測と現実にはギャップが生まれる）からこそ、意味があるのです。**悪いギャップは即座に穴埋めし、良いギャップはそれが一時的なものなのか、継続する可能性のあるものなのかを見極める必要があります。

さて、予算とは究極的には「利益」を出すためにこそ組まれるものです。そこでまず、どのような行動が「利益」につながるのかを把握しておく必要があるでしょう。それを、ロジックツリーで表現すると、左図のようになります（より厳密には、固定費には減価償却費や水道光熱費なども含まれ、変動費には運送費や販売手数料なども入ります）。

この図を把握しつつ、**予算編成では、たとえば「顧客単価を改善するために、○○というアクションが必要で、そのために○○円が必要になります」といったストーリーを構築していけば良い**わけです。注意してもらいたいのは、こうしたロジックツリーを活用しながら、できる限り網羅的にストーリーを組むことです。

予算編成におけるストーリー構築の対象

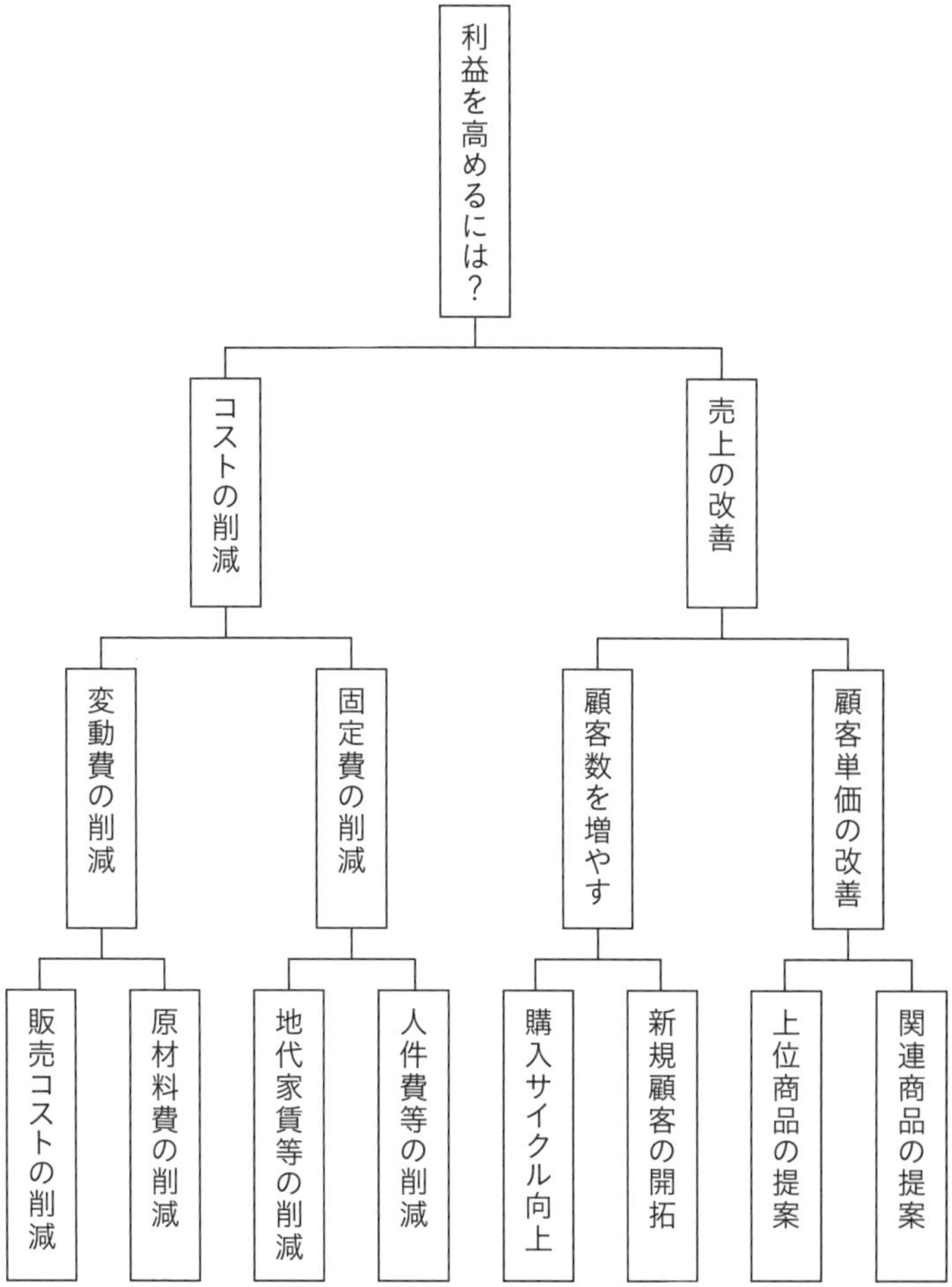

経理や総務などの管理部門であっても、社内顧客にサービスを行っている部署であると考えれば、同じ考え方を適用することが可能です。

これらは最低限のものであり、さらにより広い範囲について予算を組むこともできます。とはいえ、まずは基本となるこのロジックツリーについてしっかりと管理できるようになることをオススメします。

［予算管理　ルール❷］
すべての数値目標について説得力のあるストーリーを準備する
特に前期よりも悲観的な数値目標は、客観的なデータを集めて説明する

出張旅費や広告宣伝費、研修費などの必要経費が前期とまったく同じだったり、売上成長率が季節に関係なく一定といった予算案は、経営側から簡単に拒否されるのが普通です。それは、課長がきちんと数字によるビジネスの把握を行っていない（ストーリーを持っていない）ことを意味するからです。

一つ一つの数字の意味、そうした数字になる理由を述べることができなければなりません。が、これが時間のかかる大変な作業なのです。ただし、顧客先に何回出張することになるか、なんてことを正確に予測するのは不可能です。だからこそ悲観的なケースを想定し、それに沿った予算を確保しておくことが必要なのです。

とはいえ、予算をしっかりと立てたことのある人であれば理解できることですが、予算のストーリーを準備する作業は、自らのビジネスを振り返るまたとない機会です。特に近年では、**予算のストーリーが達成されるためのチェックポイントをＫＰＩ（Key Performance Indicator＝重要業績評価指標）としてまとめる能力に注目が集まっています。**

はじめは面倒でも、この考え方になじむことが重要です。**予算管理（ＫＰＩ管理）がしっかりとできるかどうかは、転職市場において高く評価されるポイント**でもあります。どうせやらなければならない面倒であれば、むしろ楽しみながら、しっかりとこなしていきたいものです。

［予算管理　ルール❸］

一度決まった数値目標は１００％達成する

多すぎても少なすぎても良くない。予算とは約束なのである

一度決まれば、予算というのは事実上の約束です。たとえ予算管理というシステムに重大な欠陥があったとしても、約束は約束です。それを破れる特権は誰にもありません。

この約束は、現場から積み上がって、組織全体として、企業であれば株主との約束にまでつながっています。株主から経営を依頼されている経営者は、予算達成の状況次第では、いつでも解任されます。経営者が予算にこだわるのは当然なのです。

こうした経営者と意識を共有することは、キャリアのステップを上がっていくために避けて通れないことです。そして、**経営者との意識の共有とは、すなわち、予算のストーリー共有**に他なりません。

そうしたわけで、予算の数値目標から実績が大幅にずれると、予算を立てる能力に疑いがかかり、次回からの予算編成で経営側を説得するのが困難になります。経営者から信頼されなければ、その組織内部での昇進は望めません。


ですから、予算の未達は、降格もありうる深刻な問題です。馬鹿げた話に聞こえますが、仮に出張旅費が余っているなら、ムリにでも出張をして予算を使い果たさなければならない場合すらあるのです。これは本当に、現代におけるビジネスの茶番なのですが、まぎれもなく現実です。

実際に、どこの組織でも期末になると「予算の大盤振る舞い」が発生しますね。期末までに使い切っておきたいお金があるからです。

期末に道路工事が多くなることは有名ですが、営業マンたちは、常にそうした「かけこみ発注」を狙っています。「かけこみ発注」であれば、顧客が急いでいるため、コンタクトから受注までの手間（リードタイム）も少なく、合理的だからです。

実は、予想以上に売上が上がるのも、財務上は短期的な現金の流出を意味することが多く、経営管理という面では必ずしも良い話ではありません。売上が増えるのは嬉しい話のように思われますが、なにかが売れるということは、納品があるということです。納品のためには、モノであれば原材料費が発生し、サービスであればその構築費用が発生します。ビジネスというのは、先にこうした費用（キャッシュの流出）が発生して、あとからそこに入金（キャッシュの流入）があるのが普通です。キャッシュの流出から流入までには、それなりの期間があり、この期間を生きのびることができなければ、利益が出ていたとしても倒産もありえます（これを黒字倒産と言います）。こうしたわけで、予想以上に売上があるということは、経営者にとっては、とても怖いことなのです。

どうしても**予算を実現できない場合は、十分な理由をつけて、早急に上司を含めた関係各所に報告をする**必要があります。課長が引き起こす問題のほとんどは、予算ズレの報告の遅れであると言っても過言ではありません。ゆめゆめ、お忘れなきよう。

ゲーム
2 部下のモチベーションを下げかねない人事評価

1年に一度か二度の頻度で、上司が部下に下す人事評価（人事査定）は、事実上は不完全な情報をもとにした一方通行のコミュニケーションであることがほとんどです。形式上は反論の機会が設けられていることが普通です。しかし、実際に反論をして、良い結果になることはほぼありません。

常に部下の仕事ぶりを監視していることなどできませんから、どんなにそれが理想であったとしても、客観的で公平な人事評価などというものはありえません。**人事評価というのは、部下からすれば基準のはっきりしない通信簿をポイと渡されるようなもの**です。

課長だって自分の部下に低い人事評価は付けたくないものです。少しぐらい悪いところがある部下にも、できる限り高い評価を付けたいと思うのが人情でしょう。

高い評価が与えられた部下のモチベーションが高まることは明らかで、逆に少しでも低い評価が与えられた部下というのは転職を考えるほどに落ち込むものです。高い評価を告げるのは楽で気持ちの良い仕事ですが、低い評価を宣告するという行為は心理的にも実に苦しいものです。どんなに体面をつくろってはみても、低い評価を告げるのは、まるで「お前が嫌いだ」と伝えることのような気がしてしまいます。

部下自身に悪いところを理解させ、それを矯正する方法はいくらでもあるはずです。文化的にも、日本人には、悪いところを直接本人に伝えるといった方法は馴染みがありません。それを多くの日本企業がいまだに認めないのを、私はとても疑問に思っています。

［部下の人事評価　ルール❶］

部下のモチベーションを高めるコミュニケーションの機会として利用する　できればすべての部下に高い評価を与える

人事評価がどうしても必要な理由は、従業員の給与として使えるトータルのお金、そして提供できる昇進の機会に限りがあるからです。

経営者からすれば、人件費は固定費であり、これを抑制することが利益につながるのは明らかです。しかし一般従業員からすれば、高い報酬を得たいと思うのは当然のことです。

課長は、この恐ろしく難しいゲームの中心にいます（図171ページ）。

つまり**「限りあるお金と昇進の機会を、いかに従業員に割り振るのか？」**、**「割り振った結果を従業員一人ひとりにどのように納得させるのか？」という2つの事柄が、人事評価というゲームの本質的なテーマ**なのです。

言いかえれば、人事評価とは、丸いケーキを相対評価に従って人々に配分することです。会社はエース級の人材には十分な給与と昇進の機会（＝大きめのケーキ）を与えたいわけですから、結果として相対的に低い給与が与えられ、昇進の機会にも恵まれない従業員が生まれることは避けられません。

また、人事評価の結果は文書として半永久的に残され、将来の昇進の機会には毎回必ず参照されるということは意外と忘れられがちです。減点主義的傾向の強い日本企業では、たった一度でも低い人事評価が残されるだけで、後の昇進は相当不利になります。人事評価は、常に真剣勝負なのです。

ここで、ひとつ恐ろしい事実があります。それは、**人間の自己評価は、他者による評価よりも常に高い（20％程度と言われます）**ということです。

つまり、課長による部下の評価においては「きみは、自分で思っているほどには優秀ではないよ」ということを伝えなければならないケースが多いということです。これは、本

評価をめぐるゲーム

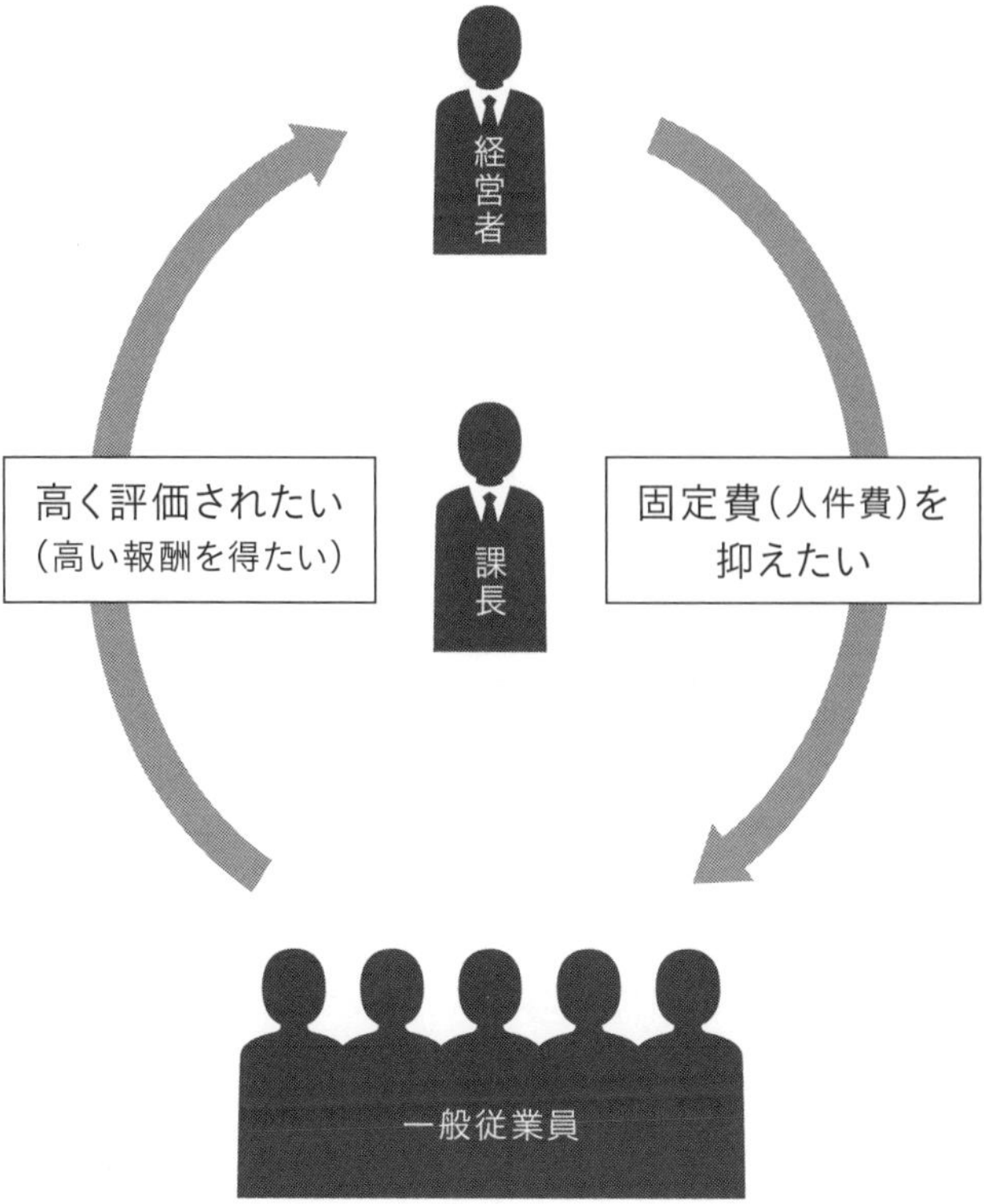
経営者
課長
高く評価されたい
(高い報酬を得たい)
固定費(人件費)を
抑えたい
一般従業員

当に大変なことです。

［部下の人事評価　ルール❷］

低い人事評価で部下を驚かすことがあってはならない
心の準備ができるように事前にサインを十分に送っておく

低い評価を伝えることで、上司も不愉快な気持ちになり、部下は感情的な自己弁護を繰り返し、結果として関係がこじれてしまう、こんな面談はまったく無意味です。

人事評価で部下を落胆させ、関係を悪化させてしまうことは絶対に避けるべきです。部下とのコミュニケーションを普段から心がけていれば、低い評価が付いてしまうような部下は、人事評価以前に薄々にでも感じ取っているはずです。

思想家シオランが残した次のような一節は、人事評価であれば何を言っても良いというわけではないという、人間として当たり前の真実を我々に思い出させてくれます。

どういう権利があって、君は、面とむかって僕の悪口を言い立てるのかね。そうする特権があると思いこんでいるらしいが、そんなもの、僕は認めないよ。

君がまくしたてたことは、どれも本当だ。そいつは承認しよう。

しかし僕は、歯に衣着せずに批評してくれていい、と言ったおぼえはないよ。

本質的な意味において、たかだか管理職と呼ばれる地位にあるからという理由で、部下と呼ばれる他人に対して、ずけずけと「悪口」を言う権利などは誰にもありません。それは人事評価の内容がいかに真実であろうとも変わりません。相手は尊厳を持った人間なのです。

人事評価には様々な手法があるものの、本質的には（1）勤務態度（2）職務遂行能力（3）成績、の3点について考えるのが基本です。そのうちのどれかが悪かったとしても、他のどこかで**良いところがあれば、とにかく良いところについて言及することだけは忘れない**ようにすべきでしょう。その上で、問題があるところについては、可能な限り「あうん」の呼吸で、直接言わなくても伝わるようにしておきたいものですね。

［部下の人事評価　ルール❸］

低い人事評価の理由をクドクドと述べない
今後に期待していることを伝え、スキルアップの機会などを提案し部下を勇気づける

ビジネスの現場で「客観的な」人事評価を行おうとしている人は、実は数少ない存在だということは、課長として十分に知っておくべきだと思います。

いわゆる「客観的な」評価をする上司というのは、すぐに「杓子定規な管理職」として社内で有名になるものです。こうした上司の下で働いていると、自分の実力とは無関係なこと、たとえば景気や顧客の都合などが原因で業績が落ちたときに低い人事評価を付けられてしまいます。さらに、それを社内で半永久的に残る文書として保存されてしまうリスクが高いので、昇進を望むエース級の人材は、そんな上司の下で働くことを大変嫌います。

杓子定規な上司には、部下は失敗を報告することも過度に恐れるようになります。問題の発覚が遅れるか、問題は常に闇に葬られることになるでしょう。たとえば、早めに損切りしたほうが良い売れ残りの在庫などは、会社の危機が訪れるまでいつまでも存在を隠され、その簿価を減らすことはないでしょう。部下を守ることではなくて、**社内でこれと決められた原理原則に従うばかりの上司に忠誠を誓うような部下は一人もいない**のです。

近年の人事評価手法は、ますます精緻化しつつありますが、それが低い人事評価の説得力を増すために有効なのかどうかは疑問です。

今のようにギスギスした世の中に必要なのは「君の評価はB2」だとか「達成率92・4%」といったものではなく、「よくやったな」とか「おい、もうちょっと頑張れよ」といったシンプルで人間的なコミュニケーションなのではないかと思うのです。

低い人事評価を受けることをすでに覚悟している部下には、わざわざその理由をクドクドと述べる必要はないでしょう。**その部下のポテンシャルを信じていること、今後の活躍に期待していることをはっきり告げ、研修やコーチングなどの機会を準備して提案し、部下を勇気づければいい**のです。

さらに自分自身の失敗談や、会社の役員で過去散々な評価を受けた人の話題を持ち出すことで、会社には敗者復活戦があるということを理解させると良いでしょう。

年功序列で成功するサウスウエスト航空（アメリカ）

サウスウエスト航空は「社員第一、顧客第二」の経営方針をもって、社員を非常に大切にしつつ、激戦のエアライン業界で驚異的な高成績を出し続けている企業として有名です。徹底したコスト削減をしながらも、家族主義的な社風を維持しています。「世界で最も安全な航空会社」（2012年）にも選ばれています。

そんなサウスウエスト航空では、深夜勤務の整備士のために、パイロット全員で午前3時にバーベキューパーティを開いたことがあるそうです。数字の評価などと関係なく、仲間を温かく励ます気持ちを大切にできる企業文化こそが、すべての企業が目指すべきところでしょう。

サウスウエスト航空の経営方針では、誠意の感じられるミスには一切制裁が科せられないことになっています。そして人事制度は、基本的に年功序列をベースにしています。

人事の根本は、従業員の才能を最大限に引き出すことにあります。人事評価などというものは、本当は二の次の話なのかもしれません。

自分の給与を自分で決められるセムコ（ブラジル）

ブラジル学生の就職先として最も人気が高いとも言われるセムコは、従業員の管理を極力抑え、多彩な給与の決定方法を持っていることで有名です。その本質は、従業員が自分の給与と会社の収益の両方を最大化させるビジネスを生み出すことにあります。当たり前のようですが、現代の日本企業の多くで失われている視点です。

ためしに、自分の部下に、前期の自社の利益を聞いてみてください。正しく把握している部下の少なさに驚くはずです（もしかしたら、課長自身も把握していないかもしれませんが）。セムコは、従業員の管理をやめ、指揮統制することを排除し、そこで働く人を「立派な大人」として信頼するという経営手法をとっています。公式な組織図が存在せず、直感を重視するという、かなりラジカルな組織ではありますが、超優良企業です。

驚くべき制度として、セムコでは10年以上にもわたって「自分の給与は自分で決められる」というルールも取り入れています。

そのまま、日本の組織に適用することができるかどうかについては、まだ疑問もあります。とはいえ、現代の経営は、高度な管理主義から、人間中心主義に変化しつつあると感じます。より詳しくは『奇跡の経営』（総合法令出版）を参照ください。

ゲーム
3
限られたポストと予算をめぐる社内政治

「社内政治」という言葉には、ネガティブな印象を持つ人が多いでしょう。しかし、基本的に人間が3人以上集まっている集団において、政治が発生しないなんていうことはありません。

子どもの頃、2人で遊んでいるときはとても優しいのに、3人になると途端に攻撃的になる友達がいませんでしたか？　子どもの間にだって政治は存在するのですから、大人の社会が政治的になるのは当然です。

社内政治は仕事に必要な技術

「裏工作は卑怯だ」とか「社内調整は時間の無駄だ」などと社内政治の存在そのものを攻撃するようなナイーブな考え方は退けてください。人間本来の営みとは切っても切れない政治への理解を深めることで、職務をより効率的に遂行する術を身につけましょう。

「政治」という言葉を定義することはとても困難ですが――

（1）権力に関係する

（2）利害が対立する場所で、自分に有利な結果を生み出すことを目的としている

――という2つのポイントを押さえると多くの政治的な物事が見えやすくなります。

この視点からは、**社内政治とは、利害が「限られた昇進ポストと予算」で対立する、複数の勢力による権力争い（政争）である**と言えるでしょう。社内外から注目を集める重要なプロジェクトを、どこの部署の誰が引き受けることになるのか、などがよくある政争のタネです。

ちなみに政治力がないと、こうした新規プロジェクトが経営の議題に上っているという情報自体が自分のところに入ってきません。そして、そうした情報すら得られない人のところに、面白そうなプロジェクトが回ってくることはありません。

こうした視点から社内政治を考えてみると、「第1のゲームである予算管理」と、「第2のゲームである部下の人事評価」というのは、「第3のゲームである社内政治」という、より大きなゲームに含まれる下位のゲームであることが理解できるはずです。

必要経費や新規投資の予算をたくさん得ることができれば、部署全体の業績を高めることができます。そうすれば、多くの部下に高い人事評価を与えることができます。注目を集める新規プロジェクトで、ボーナスや昇進の機会を部下にもたらすこともできるでしょう。課長として社内政治に優位性を築いていくのは、部下のためでもあるのです。

魅力的なプロジェクトを持つ部署には、エース級の人材が集まりやすいという点も見逃せません。そうなれば、部署の成績が高まり、課長としてもさらに上のポジションを狙えるようになります。当然ですが、社内政治に強くなれば、キャリア形成は有利になります。

では、社内政治の目的が予算や人事を勝ち取ることであるとして、具体的にはこの目的をどのようにして勝ち取るのでしょうか。そのすべては社内のキーマンにかかっています。

キーマンとは、社内のコミュニケーションにおいて、ボーリングの1番ピンとも言える存在です。これは、ネットワーク理論において「スケールフリー」という言葉で知られている概念です。

人間社会だけでなく、脳細胞や自然の生態系など、あらゆるネットワークが、全体からすればほんの一部のハブとなるポイントを中心としてコミュニケーションを行っています。社内政治においても、そうしたハブと呼べる人材にフォーカスしないと、コミュニケーションのコストが無駄になってしまいます。

「社内政治のルール❶　社内のキーマンを知り、その権力範囲を知る」

キーマンとは単純に優秀な人のことではありません。**キーマンの本当の意味は「オフィシャルには決定権の及ばない数多くの議題に対し、影響力を発揮することに長けている人」**ということです。

重役や各部署のエース級の人材が、キーマンである可能性が高いのは当然なのですが、キーマンは必ずしも社内で重要な役職にある人ばかりではありません。ここにチャンスがあります。

特に大企業の場合は、社内で重要な役職にある人でも、実際はハンコを押すというセレモニーを執り行うばかりのニセモノだったりするケースもあります。ですからキーマンを知るということには、オフィシャルな命令系統からは外れている、非公式なリーダーを探し出して「非公式な組織」の存在を理解するという側面があります。

こうしたキーマンは、学閥や親類といった特殊な人脈を社内外に持っていたり、弁護士や税理士のように特殊なスキルを持っていたりと、他の人にはないユニークな特徴を持っていることもあります。具体的には、たとえば同じ会社で働いている社長の息子や役員の秘書、社内でこの人として知られた情報通などが典型的なキーマンとして挙げられます。

さらに（これは広く知られているノウハウだと思いますが）、**日本企業の場合は女性のベテラン職員がキーマンである場合も多い**ものです。彼女たちは、男尊女卑な古い価値観の下で、本来の実力以下の職務と地位に甘んじていて、役職からは決して見えない政治力を持っていることが往々にしてあります。彼女たちが給湯室で話している内容の一部でも知ることができれば、仕事をより効果的にこなすことができるかもしれません。

このようなキーマンの例をいくつか具体的に取り上げられると、いかにも社内政治というのは不純なものだと感じる方もいるかもしれません。しかし社内政治の良し悪しというものは、ひとえにそれが本質的に美しいか否かではなくて、それが目的を勝ちとるために使えるのか否かにかかっています。

政治力でニューヨークを変えたビル・ブラットン

1990年代の前半、ニューヨークの治安は地に落ちており、殺人件数も史上最悪を記録していました。ニューヨークの地下鉄は、当時、その治安の悪さから「動く下水道」とまで呼ばれていたそうです。そんなニューヨークを米国でも最も安全な都市のひとつとしたのが、元ニューヨーク市警察（NYPD）の本部長、ビル・ブラットン氏でした。

彼は、予算の増額もないまま、わずか2年程度でニューヨークを見違えるほどに安全な場所に変えました。彼が利用した方法は、ニューヨーク市警察内部のキーマンに焦点を絞ってコミュニケーションをするという、警察内部に点在する小さな政治力を集結させつつ、それを最大限に活用するもの（ティッピング・ポイント・リーダーシップと言われます）であったことが知られています。

［社内政治のルール❷　自らがキーマンにとって有用な人材になる］

キーマンはいきなり利用しようとするのではなく、普段から自らがキーマンにとって有用な人材になるように心がけておくことが重要です。**キーマンとの関係においてはギブ&テイクではなくて、ギブ&ギブぐらいでちょうど良い**のです。

人間には「返報性の原理」というものが備わっています。これは、誰かに何かをしてもらうと、人間はそれを「負債」として感じ、何かお返しをしたくなるという、進化の過程で獲得した人間の性質を示しています。無駄に感じても、とにかく相手にギブをし続けるということは、要するに政治的な「貯金」をするようなものです。

随分と簡単に言いましたが、自らがキーマンにとって重要な存在になるという目標は、キーマンを見つけ出す以上に困難な仕事です。

キーマンにとって有用な人材になるには、彼ら／彼女らのことを気にかけ、望みを理解し、その評判を高めるような行動を心がけることです。すべてのキーマンとつながるのは不可能ですので、自分とウマが合いそうなキーマンと仲良くなることが効率的かもしれません。

具体的にできることとして実践してもらいたいのは、**少し仲良くなったキーマンには、とにかく情報を流す**ということです。業界レポートなど、入手の簡単なものでも構いません。自分が入手した有益な情報は、たとえ相手に関係なさそうに思えても、メールに要約をつけて送るということをしておくと、そこから関係が発展したりします。

結果として、こうした情報は相手の役に立たないかもしれません。しかし、少なくとも、そうした情報を常々もらっているキーマンからすれば、悪い気はしないものです。

［社内政治のルール❸　いたるところで政敵をほめる］

長い期間、ある特定のキーマンとつながっていると、結果として必ず政敵と言える存在が現れてきます。政敵は、利害が正面から対立する存在であり、放っておくと大変なことになります。こうした政敵との関係を和らげる特効薬は、政敵をほめてしまうということです。

ほめられることで、政敵は政争（派閥争い）を挑む心理的なバネが砕《くだ》かれてしまいます。

それでも攻撃は止まないかもしれませんが、そのときは先方の負けです。

先方は負けたことにすら気がつかないかもしれませんが、自分のことを評価している人間を攻撃するような人徳のない人物が、政治的な力を増強させることはまずありません。

「政治的な意図のある一方的な攻撃」のことを「中傷」と言いますが、「中傷」を好む人の周囲には誰もいなくなるという観察は、あながち間違いではありません。

どのみち「悪口」が政治的に有効だったとしても、「悪口」によって成り上がるようなキャリアに意味はないでしょう。それは信頼できる人が誰もいない、さみしい人生です。政敵ですら、いつのまにか仲間にしてしまうような人徳のある人物として認められることのほうが、人生を潤いのあるものとするために、重要なことではないでしょうか。

政敵というのは、心理学的には「シャドウ」と呼ばれる概念で説明できます。要するにそれは、自分自身が抑圧している自分の「負の面」です。**政敵を攻撃するということは、知らず知らずのうちに、自分自身を攻撃していること**になるということです。そうした人の顔が、例外なく暗いものになっていくのも、心理学的に説明がつくというわけですね。

政敵を愛することができるかどうか、これが、いつの日か政敵のさらに上に立つために必要なことなのです。

［社内政治のルール❹　秘密の共有を通してキーマンとつながる］

組織において、人間同士が仲良くなるために避けられないのが「秘密の共有」です。「まだ発表されていないけど、○○さんが、次の人事で昇進するらしい」、「まだマスコミには出ていないらしいけど、顧客先の○○で、不祥事があったらしい」といった秘密は、おいそれと、全社で共有することはできません。

だからこそ、組織内では、そうした秘密を知っている人と、発表されるまで知らない人に分けられます。そして組織内において、こうした秘密をどこまで知っているかは、政治力次第ということになります。もちろん、自分自身が社内で有力な立場にあれば、秘密を多く抱えることになるでしょう。

おかしな話なのですが、人間は、秘密を共有することで、より良い関係性を築く生き物のようです。小さい子どもでも「私と、あなただけの秘密だよ」というコミュニケーションを通して仲良くなったりします。秘密を暴露できるほど信頼しているというメッセージになっているのでしょう。

そうなると、**あなたが政治力を高めていくためには、何らかの秘密を、たくさん、社内のキーマンと共有していけば良い**ことになりそうです。それによって、あなたは、秘密を共有された相手からみて自分に忠実な仲間と認識されるからです。

ここで自分は、重要な秘密など持っていないと考えないでください。実は、秘密というのは、通常業務の中で作り出すことができるからです。例としては、新規事業の企画などが挙げられます。

あなたが、新規事業の企画を考えているとします。普通であれば、そうした企画は、毎月1度、役員も出席する企画会議でプレゼンされるものだとしましょう。多くの人にとって、その企画は、企画会議でのプレゼンを受けた時点で、秘密ではなくなります。逆にいえば、企画を考えている段階では、企画の内容はもちろん、企画をプレゼンすること自体が秘密なのです。

これを、たとえば、企画の構築を手伝ってもらうという名目で、期待している部下の1人に共有するとします。「これは秘密だから、まだ他の人には言わないでね。新規事業の企画を考えているんだ……」と打ち明けられた部下は、どう感じるでしょう。とても光栄に感じるはずですし、あなたへの忠誠心を高めてくれるはずです。

たとえば、可愛がってくれている先輩には「ちょっといいですか？　実は、密かに新規事業の企画を考えているのです。ただ、どうにも欠けているところがあるので、先輩のお知恵をお借りできませんか？」と相談を持ちかけます。先輩は、この秘密の共有を、喜んでくれるはずです。

［社内政治のルール❺　根回し（秘密の共有）の順番にとことんこだわる］

先の、新規事業の企画で、話を進めます。この企画を通すには、最終的に役員の承認が必要だとします。毎月1度の企画会議の本番で、役員が初めてこの企画の内容を知るようでは、まず、通りません。事前に、十分な根回し（秘密の共有）を進めておく必要があるでしょう。

だからといって、いきなり役員に根回しをするのは、あまり得策ではないことが多いと思います。役員に相談すれば「A本部長には相談したのか？」と聞かれそうです。これは別に、役員の決断力の問題ではありません。先にも述べたとおり、役員クラスにもなると、企画内容を自分だけで判断するには、現場情報が足りないことが多いのです。重要な意思決定を行うには、その前に、他の信頼する人の意見も聞きたいのです。

では、A本部長への根回しを一番はじめにすれば良いのでしょうか？　A本部長の部下が、自分を可愛がってくれている先輩だとします。その場合、先輩は、あなたが先輩を差し置いて、いきなりA本部長に相談を持ちかけた事実を、後から知ることになります。A本部長よりも先に、秘密の共有がなされなかった事実は、あなたと先輩の距離感に、悪影響を与えるでしょう。

仮に、こうした根回しを面倒として、一切の根回しを行わないとします。いきなり企画会議の本番で、参加者を驚かせる形で、なんと役員の承認まで得られたとしましょう。その場合は、事前に秘密の共有をしてもらえなかった企画会議の参加メンバーは、心理的には、あなたの味方になれません。まずは、詳しく説明されないとわからないし、そもそも秘密の共有をされていないからです。

理想的には、企画会議の本番前に、企画会議の参加メンバーの全員に根回しが終わっているとよいでしょう。さらに、企画会議をまとめる役員もまた、事前に社長まで話を通してあれば最高です。そうして社長まで承認が得られている新規事業の企画が、企画会議の本番で承認され、参加メンバーの全員から「頑張れよ、応援するぞ」と言われるわけです。世の中の大きな企画は、こうして、承認されているのです。

問題は、こうした根回しを、誰に、どの順番で、どのような強度で行うのかです。ある意味で、根回しは、関係者のほぼ全員に行うべきです。ただ、その順番が非常に大事です。後回しにされると、ヘソを曲げてしまうのが人間らしい人間だからです。順番をどうするべきかは、相手の性格にも関わる問題なので、それぞれに異なります。ただ、根回しの順番については、非常に重要な問題であることは強調しておきたいです。

自分がキーマンになることを目指す

最終的には、自らがキーマンになることが社内政治に勝ち残るための目標となるでしょう。社内に味方が多ければ、大きなミスがあっても左遷などの憂き目に遭う可能性もぐっと低くなります。

オフィシャルには決定権の及ばない数多くの社内の議題に対して、大きな影響力を発揮することができるようになれば、自らの仕事をより効果的に遂行することができるようになるばかりか、さらなる昇進の道が開けます。

具体的には、**企業全体の利益を優先させつつ、自らの責任範囲を大幅に超えて、公式、非公式に多くの社内横断的なプロジェクトに献身的につながっていく**ことがキーマンになるための一番確実な方法です。

意外かもしれませんが、多くのビジネスパーソンは、自分の評価ばかり気にして、全体のことを考えないものです（同様にして私たちの多くは国家のことなど考えません）。全体の利益を優先させることは、ほとんどの人間には考えもつかないことだからこそ、逆に、キーマンの存在が求められているとも言えます。

別の部署の人間からも仕事ぶりを信頼されるためには、そうした別の部署の成功に貢献する必要があります。「本当に企業全体の利益を優先させられる人物である」と知られることが、キーマンへの王道と言えるでしょう（それは経営者への道でもあります）。

自分がキーマンになれているかどうかを判断するのに、とても有効な方法があります。それは、社内の他の課長と比べたときに、自分のところに、より多くの社内メールが来ているかどうかをチェックすることです。キーマンのところには、ネットワーク理論的にも、情報が集まります。それは、現代社会的にはメールの数で測定することができるはずです。

ずっと昔、新入社員として仕事をしていたころは、1通1通の社内メールが気になったはずです。それは、組織内において、同僚から重要だと思われている証拠だからです。あのころの気持ちを思い出してください。

課長ともなると、毎日、処理しきれないほどのメールが送られてくることでしょう。それでもなお、その1通1通を「いとおしい」と感じることができるかどうかが、さらに上のポジションを狙うための正当性なのです。他者よりも多くのメールに、きちんと対応することができるからこそキーマンなのです。

［本章のポイント］

非合理なゲームを切り抜けるには？

- 予算は悲観的な視点で組み立てるようにする。必要経費など出費は多めに、売上や入金は少なめに見積もる。

- 予算の数値目標には、説得力のあるストーリーを準備する。予算のストーリーを共有することで、経営者と意識の共有ができる。

- 一度決まった予算の数値目標は、何があっても100％達成しなければならない。どうしても達成できない場合は、十分な理由を用意し、早急に関係各所に報告する。

- 人事評価は、できる限りすべての部下に高い評価を与え、モチベーションを高める機会とする。

評価においても、課長は可能な限り部下を守らなくてはならない。
杓子定規な評価をするような上司に、忠誠を誓う部下などいない。

低い評価の部下には、評価以前にサインを送り、心の準備をさせておく。
評価とともに、今後への期待を伝え、スキルアップの機会を提供し勇気づける。

社内政治において予算と人事を勝ち取る鍵はキーマンが握っている。
キーマンに対してはギブ&ギブの姿勢で、自らが有用な人材になるようにする。

政敵には、自分自身が心理的に抑圧している「負の面」が投影されている。
政敵の上に立つためには、相手をほめ、愛する努力が必要である。

社内横断的なプロジェクトに献身的に関わることがキーマンになるための王道である。
自らの責任範囲を超えて、企業全体の利益を追求することで影響力は増していく。

秘密の共有を通してキーマンとつながる。
根回しの順番にとことんこだわる。

第4章

避けることができない9つの問題

天気のいい日に嵐のことなど考えてもみないのは、
人間共通の弱点である。

―― マキャベリ

この章では、課長として仕事をしていれば、まず避けることができない9つの問題について考えます。

実際に問題が起こってから、問題に反応（リアクティブな対応）をしているようでは、合理的な判断をするための余裕を持つことができません。

将来、課長の身に起こる可能性が高い問題を事前に理解し、心の準備をするとともに、打てる対策を先回りして考えること（プロアクティブな対応）が本章の目的です。

問題 1

問題社員が現れる

経営者や人事部にとっては、問題社員は珍しい存在ではありません。問題社員を前にして驚いているのは、管理職としての経験が浅い課長ぐらいです。経営者や人事部は、むしろ課長が問題社員にどのように対処するのかに注目しています。その意味では、問題社員に出会ったときというのは、課長としての能力を社内でアピールするチャンスでもあるのです。

会社の備品を盗んだり、パワハラ、セクハラをするといった**法的な問題を犯す社員への対処は、自分だけで判断せずに早急に法務部、人事部や上司、顧問弁護士に相談してください。**

こうした当たり前の対応が遅れると、違法行為の存在を知りつつ見逃したということで、後にあなた自身が罪を問われることにもなりかねません。はっきりとは違法性は認められないまでも、悪い結果になりそうだということを見逃すだけでも、未必の故意として、罪になる場合もあります。疑わしいことがあれば、とにかく専門家や専門の部署に相談するように心がけましょう。

ただし、こういう問題社員の場合は、すぐに上司と専門家に相談すれば良いのですから、対処方法は簡単です。しつこいですが、こうした場合は、速度が命です。数十年単位で性犯罪を隠してきた組織については、今更、言及する必要もないでしょう。

能力が低い社員への対応は要注意

課長として対応が最も難しいのは、経営学の世界でCクラス社員と呼ばれるような、職務を遂行する能力が標準的な社員よりも極端に低い社員への対処です。

Cクラス社員が、本当に職務を遂行できないレベルであれば、人事部に相談し正当な理由を付けて解雇することも考えられます。しかし、大概のCクラス社員はそこまでひどいわけではありません。簡単にあきらめてしまわずに能力を引き出すことを考えます。これは、課長の大切な仕事です。

宮崎駿監督や北野武監督の映画音楽を担当していることで有名な作曲家の久石譲氏は、著書『感動をつくれますか？』（角川書店）の中で次のように述べています。

非常に有能な社員がいても、部署にどうしようもないやつが一人いると、組織のレベルはきっと下がる。

だが、蟻の集団の中にも、よく働く蟻と、働いていないように見える蟻がいて、怠け者を省いて働き者だけで新たに集団を作ると、結局、その中から何割か働かない蟻が出てくるという。組織とか集団というのはそういうもので、働いていないやつを切ったらよくなるかというと、よくならない。ここが難しい。

ではどうしたらよいのか。下のレベルを向上させることしかない。（中略）力の劣る人間が一人いるとレベルは下がる。だが、それを凌駕する力もまた、人間の集団にはある。

Cクラス社員に対して、**「自分ができることは他人にもできるはず」という発想で当たるのは最も大きな誤り**です。

課長になるような人は、職務遂行能力は相当に高いのが普通です。能力の高い人ほど、

Cクラス社員の気持ちを理解するのが難しいというのは当たり前でしょう。ですが、そういうことができるということこそが、人の上に立つための正当性であることを、忘れてはなりません。

Cクラス社員というのは「仕事ができない」と言われる経験を重ねており、「できない」という自己暗示的なループにはまって、自信をなくしていることが多いものです（学習性無力感と言います）。鍵となるのは、そんな**Cクラス社員にもこなせる仕事を、課長が見つけ出してきて与える**ことです。

できる仕事がある、会社の役に立てることがある、課長から「ありがとう」と言われるような小さくてもそれなりの成果を出せるという状況になれば、Cクラス社員でも、少しずつモチベーションを回復させ、能力を向上させていきます。

人には、壁に掛けられた絵が傾いていれば、誰も見ていなくともそれを真っすぐに直すという性質が、ほぼ例外なく備わっています。問題社員は、その直し方に少し混乱しているだけではないでしょうか。

ほめても、叱っても、どうしても問題社員の仕事を改善することができず、Cクラス社員への対応そのものをあきらめなくてはならないようなときは（そういうことは残念ながら実際にあります)、課長が最後にあきらめる人であるべきです。

リトマス試験紙は、仮に、そのCクラス社員が、自分の子どもだったとするなら、同じような対応をするかどうかと自らに問うことです。

とはいえ、あまり信じたくはないものですが、世の中には良心を持たない人々というのが想像以上に多い割合(一説に25人に1人とも)で実在するということも付け加えておきます。

エース級社員は自由にしておいていい

問題社員にかける時間があるのならば、同じ時間をエース級社員の教育に当てたほうが会社のために良いという考え方があります。

問題社員に対応するということは、口で言うほどやさしくはありません。時間もかかりますし、こんがらがった釣り糸をほどくような、とてもイライラする嫌な業務です。

しかし企業活動の目的は、単に利益を上げることではありません。もちろん利益は重要ですが、利益はあくまで結果であって、特に課長クラスの管理職にとっては、それ自体は目的にはなりえません。**企業活動の目的は、企業に関係しているすべての人をできる限り満足させることにもあり、その「すべての人」の中には問題社員も含まれています。**

多少の問題があることを理由に事実上のクビとしたり、完全に無視してしまうようなら、いずれそれを悔いることになります。逆に、こうしたことをまったく罪と感じないような人間には、人の上に立つリーダーたるべき資格がないと言ってもいいでしょう。

豊臣秀吉の軍師として名高い黒田官兵衛ですら、あらゆる自らの決断に後悔することが多かったと言います。そんな黒田官兵衛に、まさに一級の武将、小早川隆景は「損得ではなく、仁愛によって決断すれば結果によらず後悔することなどない」という趣旨のことを説いたそうです。これはそのまま現代の管理職にも通じる思想と言って良いでしょう。

ひとつ安心して良いのは、**エース級の人材というのは自立しているので、ある程度までは自由にやらせておいたほうが良い**ということです。エース級の人材としては、下手に課長に口を出されるぐらいだったら、問題社員が課全体の足を引っ張ることをなんとかして欲しいとすら考えていることもあるでしょう。

課長が問題社員に対処することは、他の部下が十分に能力を発揮できるようにしてやるという間接的な意味もあるのです。

それに、もしエース級の人材もいつか課長になるとするならば、課長はそんなエース級の人材に問題社員への対応の仕方を見せてやるべき立場にあるはずです。どのみち将来、組織の幹部として多数の部下を率いるようになれば、問題社員への対応スキル（最終的には解雇することまで含めて）は必須となります。エース級の人材には、そのことをはっきりと伝え、問題社員への対応にも関心を持ってもらわなければなりません。

人材再生工場と呼ばれる人々は何をしているのか

生前、人材再生工場と呼ばれた故・野村克也監督は「人間のいいところ、その可能性を見つけるということが人生そのものじゃないか」という言葉を残しています。財産を残すのではなく、人間を育てることを通して、人間を残すことを重視していました。そのために必要となるのが、**誰もがダメだとレッテルを貼るような人物のいいところ、可能性を見つけるために時間を使う**ということです。

人材再生工場と呼ばれるような人は、ある程度の規模になれば、どこの組織にもいます。そうした人々に共通していると思われるのは、様々な物事を、人生という大きな視点から考えていることです。仕事で高い業績を出すようなことは、とても大切です。しかしそれには、多くのビジネスパーソンが失敗します。実際に、組織の幹部にまで上り詰める人は少数です。

大多数は、小さな成功はあっても、大成功とは無縁の人生を歩むのです。たとえ大成功していたとしても、病気や怪我などで、そうしたことは簡単に失われます。かつては輝いていた人も、久しぶりに会ってみると、しおれていたりもします。キャリアというものは、意外なほどにはかなく、脆いものです。

では、大成功できない人生は無意味なのでしょうか。そんなことはありません。少数でも誰かに認められ、少数でも大切な人間関係を築き、自分なりの充実感を得ていくことは、誰にでも開かれているべきことです。そのための起点となりうるのが、人材再生工場なのです。

ビジネスも大切ですが、**問題社員を前にしたときは、少しだけ視野を広く持ってみることが大切**なのだと思います。そんなときこそ「人間のいいところ、その可能性を見つけるということが人生そのものじゃないか」という野村監督の言葉を思い出していただきたいと思います。

問題2 部下が「会社を辞める」と言い出す

自分の意見を聞いてもらいたいと強く感じるときこそ、まず相手の意見を自分が正しく理解しているかどうかをじっくりと自問自答すべきです。人間は自分の意見の正当性を信じているときに限って、他人の意見を聞くことができなくなるものだからです。

ですから「会社を辞めたい」と言う部下には、「辞めてはならない理由」を羅列して説得にかかる前に、まずは部下が「どうして会社を辞めたいと思ったのか」を理解するように努めるべきです。

まずは部下の「決意の度合い」を確認する

部下が「会社を辞めたい」と言い出したときに、まず一番初めに確認しなければならないのは「辞職の決意の度合い」です。

残念ながら、部下が直属の上司である課長に辞意を表明する段階では、辞職の決意は固く、転職先とも話がついていることが少なくありません。部下がそこまで思いつめていることにまったく気がつかなかったとすれば、それは課長がいかに部下を観察してこなかったかを示す証拠に他なりません。

ずっと転職を考えてきた部下は、普通は社内の誰かに転職の可能性について漏らしていたり、相談をしているものです（大企業では同期、中小企業では年齢の近い先輩であるケースが多いようです）。そのような不穏な情報が自分のところに入ってこなかったというのは、社内の政治的ネットワークが十分に形成されていないことの証拠でもあります。

「なぜ、今まで上司である自分に黙っていたんだ」という発想は通用しません。**部下を観察し、ネットワークを駆使して部下の本音を理解するのは課長の大切な仕事**だからです。

部下の退職は上司の責任

退職を固く決心した部下は、退職理由だけ本音で語るなどということはありえません。部下が辞めていく多くの理由は上司にあるのですからなおさらです。

少し古いデータになるのですが、リクルートが転職者１００人に対して実施（２００７年）

した退職理由の本音調査では「上司・経営者の仕事の仕方が気に入らなかった（23％）」というのが本音の退職理由の第1位となりました。

第2位の「労働時間・環境が不満だった（14％）」や第3位の「同僚・先輩・後輩とうまくいかなかった（13％）」というのも上司としてなんとかできる問題だとするならば、部下の退職理由の実に半分までもが上司の責任と言えるわけです。

ちなみに、本音ではなくタテマエの退職理由の第1位「キャリアアップしたかった」というのは、本音ではわずかに6％でした。**部下がキャリアアップを理由に去っていくのは、本音を言うことでギクシャクしたくないと思っている可能性が高い**のです。部下が会社を辞めていくとき、それはまさに課長が部下からクビを宣告されたようなものです。

部下を引き止めるには

部下の決意は緩く、退職を引き止められるケースも少なくありません。そうした場合**「辞めたい」というセリフは、「真剣に自分の話を聞いてもらいたい」という切実なサイン**と受け止めてください。これは、部下の本音を聞き出せるチャンス、そして課長としての飛躍のチャンスでもあります。

決意が定まらないまま「辞めたい」と言い出すのは、大概が辞めてもらっては困るような「できる部下」、いわゆる若手のAクラス社員です。

若手のAクラス社員というのはトゲトゲしているもので、自らのポテンシャルに自信を持っています。辞めてもやっていけると考えているAクラス社員は「辞める」という言葉を、上司を脅迫し、職場環境を改善するツールとして考えていることもあります。

ですからAクラス社員が「辞めたい」と騒いでも、それだけでは、どれほど本気で辞めたいと考えているかはわかりません。単純にコミュニケーションが足りないだけということもあります。とにかくじっくりと厳しい批判に耳を傾けるしかありません。

部下の本音を理解するように努め、それぞれの部下をできる限り公平に扱って、十分なチャンスを与えていれば、部下はそうそう辞めたりはしないものです。繰り返しになりますが、部下が「会社を辞める」と言い出したときは、課長が自らの仕事ぶりを反省するべきときなのです。

COLUMN

Aクラス社員が会社を辞める本当の理由

優秀なニワトリというのは、飼育係からエサが与えられると、その中から栄養価の高い上等な部分を見つけて食べ、他のニワトリとは比較にならない力をつけるのだそうです。実は仕事にも、普通のエサである「やったほうが良い仕事（nice to do）」と上等なエサである「やらなくてはならない仕事（need to do）」があるということを意識したことはありますか？

Aクラス社員というのは、貪欲に「やらなくてはならない仕事」だけを嗅ぎ分けて、それだけに集中する能力をほとんど例外なく持っています。こうした人材は、特に「やらなくてはならない仕事」がないときには、サッと家に帰ってしまったりもします。サッと家に帰ってしまうことで、上司に自分がヒマであることをアピールすることができ、いざ本当に重要な仕事が入ってきたときには、それを確実に自分の責任下に置くことに成功します。

典型的なBクラス社員（Aクラス社員ほどには優秀でない普通の人材）は、いつでも「やったほうが良い仕事」ばかりを探してきてはなんだか忙しくしているものです。そして「やらなければならない仕事」はすでにAクラス社員に奪われてしまっています。

本当は新しいスキルの勉強もしなければならないはずなのに、「忙しい自分」に酔っていることも多く、そんな忙しさに追われつつ昇進を逃すのです。

こうした人材は、いつまでも仕事に求められるスキルの向上すらままならない自分のことは棚に上げて、Aクラス社員のことを「世渡りがうまいだけだ」と誤解していたりもします。

デキる部下、すなわちAクラス社員は、仕事に優先順位をつけています。これに対してBクラス社員は仕事のすべてをこなそうとしていて、仕事に優先順位がつけられていません。この差は、かなり大きいです。厳しいことを言えば、ほとんどの人が、何事に対しても優先順位をつけることができません（その経験さえないことも）。ある意味で、ただ闇雲にダラダラと生きているのが、人間らしい人間とも言えます。

だからこそ、Aクラス社員が本当に会社を辞めるのは、上等なエサがどこにもないとき、つまり「やらなければならない仕事」が自分のところに回ってこないと絶望したときです。

そのような環境では、仕事に優先順位をつけることもできません（どの仕事もやりがいがないと感じられるため）。

Ａクラス社員は、受動的に誰かの助けをするような仕事ではなくて、能動的に自らが原動力となれるような仕事を常に探しています。そうした仕事をＡクラス社員に与えてやれるかどうかが、課長としてのひとつの重要なチャレンジなのです。

問題 3

心の病にかかる部下が現れる

部下の心の健康を管理するのも課長の大切な仕事です。従業員が50人以上いる企業では、2015年末よりストレスチェック制度が義務化されました。この制度により、部下の誰が過度のストレスを抱えており、仕事の割り振りを変えなければならないかがわかるようになりました。産業医との連携もサービスが増え、よりアクセスがしやすくなりました。

しかし、ここには社会的な本音とタテマエがあります。本音では、多くの人が「社会で活躍する人の多くは過重労働をしている」という事実を知っています。何事もそうですが、そこに時間をかければこそ、他者よりも優れた成果を出すことができるのです。スポーツでも趣味でも、どれだけの時間を練習にあてたかは、非常に重要な要素であることは（ほとんど）疑えません。

ですから、本音ベースで問題となるのは「ストレスを適度な状態に管理する」（125ページ）のところでも述べたように、度を超えた過重労働はダメという部分です。そこまでは、どうしても仕事にはストレスがともなうという前提で、部下を管理しないとなりません。

ストレスの感じ方にはかなりの個人差もあるので、それぞれの部下の状態をしっかりと把握しておくことが重要です。そして、これは大変なことなのですが、部下それぞれの個性に合わせて、ストレス管理は、今後もさらに高度化していくことになります。

心の病を原因とした労災認定は、一貫して増え続けており、ここ4年連続で最多となっています（2022年度）。特に、上司からのパワハラを原因とする事例が増加しています。課長として、注意しておかないとならないのは間違いありません。なんの対策もしていないと、課長としての責任を問われることになります。

心の病は、一般的には真面目すぎる完璧主義者や、人付き合いのあまり得意ではない人に起こりやすい傾向があるようです。ただし、見るからに元気そうな人がいきなり、という具合に「まったく予測できないケース」も非常に多くあります。

心の病というのは、誰にでも起こりうると考えておいて間違いないようです。部下が心の病にかかると、休職や欠勤が増えるばかりではなく、業務上のミスや事故の増加につながり、対策が遅れると必ず企業の業績にまで悪影響を及ぼします。

心の病のきざしを発見する

心の病で大切なのは、周囲が病気の早い段階でそれに気がついてあげることです。ですが、日本の社会はこれまで心の病を持った人に寛容な社会ではなかったので、心の病に侵された人は、普通、それを会社に隠そうとします。

また実際に心の病にかかっていても、本人がそれを病気として認識できないことも非常に多いものなのです（「病識がない」と言います）。部下が不眠症や食欲の低下に悩まされているといったことも、部下が心の病に至る小さなサインかもしれません。

ちなみに、私の経験では、こうした「他人の微妙な変化」に気がつく人は圧倒的に女性に多いです。**男性は、職場の女性に「最近元気がなくなったな」と思う人がいたら、すぐに教えてもらえるようにお願いしておくと良い**と思います。

基礎知識を身につけ、従業員支援プログラム（EAP）を活用する

さらに、課長は心の病に関する基礎知識をつけておかなくてはなりません。課長自らが部下の心の病の原因となったり、それを悪化させたりしないように気をつけることは、課長の義務だと思ってください。これに失敗すると、その先のキャリアも閉ざされることになります。

これまでに、そうした社内の専門家にコンタクトを取ったことがなかったり、部下のメンタルヘルス管理に関するトレーニングを受けたことがなかったりするのであれば、**一度きちんと時間を設けてメンタルヘルスの基礎を学んでおく**必要があります。ちょっとした研修であれば、どこでも受けられるので、ぜひ、足を運んでみてください。後になって自分の対応が原因で部下が心の病を患ってしまったと知るのは、やりきれないものです。

また、部下自身による、自分のケアも重要です（セルフケア）。自分自身でストレスの予防をしたり、上手に対処するスキルは、今後もますます重要になってきます。管理監督者として部下をケアするだけでなく、部下自身も、メンタルヘルスに関する基礎知識を身につけて自衛することが大切です。

そうして基礎知識を身につけた上で、従業員支援プログラム（EAP：Employee Assistance Program）の活用が求められます。EAPは、ストレスチェック制度の義務化によって、近年、広く提供される流れになっています。

大きな会社であれば人事の労務担当者がメンタルヘルスの知識を持っていることが普通で、精神科専門の産業医が常駐しているところもあります（内部ＥＡＰ）。これに対して中小企業などでも社外の医師やサービス機関と連携し、対応するところが増えてきています（外部ＥＡＰ）。

まずは、各自の基礎知識向上による予防が大事です。次に、社内の情報通やストレスチェック制度を活用しつつ、リスクの早期発見が求められます。リスクが発見されたら、ＥＡＰを活用して、適切な対応を心がけます。これは、課長が一人で管理できることではありません。本人の知識向上と、専門家による介入がどうしても必要です。

問題4 外国人の上司や部下を持つ日が来る

団塊世代の大量退職に伴って、日本の労働力人口は、今後、ものすごい速度で減少していきます。同時に、人口減少時代に突入した日本の国内市場はどんどん縮小し、海外市場は相対的にその重要性を増していくことになります。

従業員数が慢性的に不足し、海外に顧客を求めていかざるを得ない状況は、今後は日本企業が外国人従業員を採用していかなければやっていけないということを示しています。社内政治でも、海外部や、海外との関連が深い部署のプレゼンスが、今後はますます高まっていくことになるでしょう。

「上流の仕事は日本人でやるから、末端社員としてはともかく、上司に外国人が来ることはない」などと考えているのは、現実を知らない古い人だけです。

格下だと思っていた国の企業から、日本人のほうが下流を任されるような時代はもうすでに始まっています。実際、東南アジアに進出した日本企業の現地支社では、意欲的に勉強する現地の人材が十分に育ったため、日本人駐在員の居場所がなくなるケースもあるようです。

私自身も、中国における中国人の採用や、中国支社の経営を経験しています。クライアントを通してですが、タイやベトナムの工場で働く現地の人材の頑張りを知っています。ですから、ここについては、特に大きな危機感を持っているのです。それでも困ったことに、日本にはいまだに「日本は、東南アジア諸国よりも豊かだ」という幻想を持っている人が多数派のように思われます。

もはや、タイの大戸屋の方が、日本よりも高い時代なのです。ビッグマックで考えると、日本のビッグマックは、中国、タイ、ベトナムよりも安い状態です。そろそろ、世界から見た日本の地位について、正しい認識を持つべきではないでしょうか。

外国人とどう付き合うか

今後は上司部下の区別なく、多くの外国人との関わりが求められる時代になります。とはいえ上司や部下が外国人だからといって、部下のモチベーション管理という課長の仕事の本質までもが、特別大きな変化にさらされることはないでしょう。

しかし、異文化との関わり合いに慣れていない日本人は、外国人との関係に悩むケースも増えてくると思われます。そんなときのために覚えておきたいのは「他人の価値観はまず変えられないが、態度ならば説得によって変えられる」という事実です。

外国人との間で何か問題が起こったときは、まずはそれが「文化に根ざした価値観の相違」から来る問題なのか、それとも「人間としての態度」の問題なのかをよく考えるようにしてみてください。

「文化の違い」のせいだと思われる問題の多くは、実は「態度」の問題です。態度が問題ならば、たとえ相手が外国人でも、十分な説明をすることで変えることができます。

逆に問題の原因が、文化に根ざしている場合は、大変リスキーな事態です。問題の存在を正しく上司に報告し、上司や人事部の意見に従うことが最善策です。

とにかく大切なのは、文化的な違いをお互いに理解しつつも、同じ目標を達成したいという前向きな気持ちを常に確認し合うことです。文化的な違いはあっても、同じ目標に向かっている仲間であるという視点を忘れてしまってはいけません。

異なる文化的背景を持つ外国人との接触が増えてくると、これまでは見えてこなかった自分の強みや弱みが明らかになるでしょう。そうすると必ず影響を受け、自分が劇的に変わります。

そういう自分自身に関する新たな発見や変化を楽しめるかどうかが、この革命的変化の時代には強く問われてくるはずです。今はまだ直接外国人との接点がないような方も、いずれはそうしたときが来るとワクワクしつつ、英会話の勉強や海外旅行などを通して異文化に触れておくと良いでしょう。小さなところでは、自宅で洋画などを観るときに、字幕を英語にするだけでも効果があります。

まれに「自分には海外出張の機会などない」という文句に出会うことがあります。そうした人に私が常に言っているのは、**自腹であっても、とにかく海外に行く機会を増やすことが大切**だということです。海外に行くことでしか得られない刺激があり、そうした刺激はきっと自分の仕事に跳ね返ってきます。馬鹿馬鹿しいと思わずに、今週末にも、近場である台湾や韓国に旅行をしてみてはいかがでしょうか。

変化は誰にとっても怖いものです。そうした恐怖の特効薬は「十分に準備しておくこと」なのではないでしょうか。

問題5 ヘッドハンターから声がかかる

企業が大量生産的な製品やサービスを提供する時代は終わり、より顧客のニーズに合致するようなテーラメード型の製品やサービス、少量多品種な商品の提供が主流になってきています。

そんな少量多品種の商品を管理するために、企業が取り扱うべき専門分野は今後ますます複雑に細分化され、企業内の組織の数は増える傾向にあると考えて良いでしょう。

結果として課長級のポストの数は増加し、同時に日本の労働力人口は今後減少するのですから、**課長クラスの人材はこれから極端に足りなくなってくる**と予想されます。

そこでヘッドハンターの出番となるのですが、課長クラスの人材というのは、経営者クラス（エグゼクティブ）のようにメディアに露出したり、ネットワークから自然に浮かび上がってきたりするケースが少ないというのが特徴です。

ヘッドハンターにとっては、ピンポイントで人材情報を集めることが非常に難しいばかりでなく、会社からそれなりに期待されている課長は、人材紹介会社などに転職希望を出しているケースも少ないという「二重の難しさ」があるそうです。

そうした背景から、課長クラスの人材採用では、「課長経験があれば誰でも良い」という手当たり次第的な採用活動が行われることもあると聞きます。現代では、中間管理職を専門に扱うヘッドハンティング企業（ミドルハンティングと言います）も増えてきています。むしろ、今度の日本を考えると、中間管理職の重要性は高まるばかりなのですから、ミドルハンティングが主流にもなっていくでしょう。

急いでいるヘッドハンターは要注意

ヘッドハンティングのプロによる客観的な意見は、転職するしないにかかわらず、非常に参考になるものです。良いヘッドハンターというのは、優秀なキャリア・コンサルタントでもあります。

とはいうものの、自らのキャリアに責任を持つのは、あくまで自分自身であるという当たり前の事実を忘れてしまってはいけません。**ヘッドハンターは「使う」のではなくて「付き合う」という長期的な視野に立った感覚が重要**になってきます。

コンタクトをしてきたヘッドハンターに「急いでいる」という雰囲気が少しでも感じられる場合は要注意です。人材紹介の手数料を稼ぐことばかり考えているヘッドハンターも少なくないからです（というよりも、ほとんどがそういうヘッドハンターです）。

ただでさえ転職が成功することはまれなのですから、急いで決めた転職が成功する可能性はかなり低いものになるはずです。最近は転職が当たり前になったとは言っても、転職のリスクは強調してもしきれないほど大きなものです。「なんとなく」転職をして成功する人なんてまずいないと考えておくほうが無難です。

ヘッドハンター経由で転職を考えるときに気をつけなくてはならないのは、**果たして自分が、ヘッドハンターにとって唯一の候補者なのか、それとも複数いる候補者の中の一人に過ぎないのか**という点です。

自分が唯一の候補者である場合は、ヘッドハンターはあなたを相手の企業に真剣に売り込もうとしていることが明らかです。

これに対して、自分が複数いる候補者の中の一人の場合は、ヘッドハンターにとって大切なのは企業の人事部から支払われる手数料という意図がミエミエです。このようなヘッドハンターは、あなたのことを本当に考えてオファーを出してくれているのではなく、課長経験があれば誰でも良いという具合に候補者を集めてきては、「数撃てば当たる」ことに懸けているわけです。現在、日本国内には、3万社弱の人材紹介会社があると言われます。その中には、悪質なものも少なくないと知っておくべきです。

転職したら、前の職場の話はしない

細かな転職のノウハウは他書に譲るとしても、どうしてもひとつだけ強調しておきたいのは、転職して新しい職場に移ったら「前の職場では〜」というセリフはしばらくは禁句だということです。

まずは新しい職場の文化を変えることにチャレンジするのではなく、そこの文化、そこの仕事のやり方、すなわち**新しい職場のルーティン・ワークをしっかりと覚えることから始める**べきなのです。

注意したいのは、それぞれの組織には、それぞれに「非合理的だけれど、大切なこと」があるという事実を認識しておくことです。複数の人間が集まってできている組織にとって、合理的であることは、決して、正しいことではありません。その組織が、合理性を犠牲にしてでも守りたいことは何なのかを、しっかりと把握しましょう。

そうして初めて、中間管理職の職務である例外処理をするための、例外が何なのかを知ることができるようになります。ルーティン・ワークを理解していない人間には、例外ではない仕事までもが例外に見えてしまうことは明らかでしょう。

問題

6

海外駐在を求められる

これまでの典型的な海外駐在員と言えば、現地の現場社員を束ねる係長クラスと、現地では役員として活躍する部長クラスが主流でした。

しかし先にも述べた通り、人口減少により縮小を余儀なくされる国内市場と比較して、今後は海外市場の重要性がどんどん増していきます。それに伴って**本社の課長クラスの人材が海外駐在を求められるケースもこれからは増えていく**と考えられます。

大前研一氏が2006年末の講演で語ったところによると、1980年代初頭に米国に進出していた日本企業はほとんど赤字だったそうですが、これが2005年には、米国に進出している日本企業のなんと90%までもが現地で黒字となっていたそうです。

条件が整い、日本企業にとっては海外が本当に儲かる場所になったのですから、それをみすみす放っておく企業は少ないでしょう。今のところ自分が所属する会社は海外取引も少ないし、海外駐在員が必要になっても自分に白羽の矢は立たないだろう、なんて考えていたら、きっと現実がそんな甘い予測をすぐに追い越してしまうことになるでしょう。

帰国後のポストの保証はない

駐在員の間でよく語られている「困った話」として、いざ駐在の任期を終えて帰国となったときに、日本の本社にはもはやポストがないというものがあります。家族が現地の文化に馴染めずに急遽《きょ》帰国する必要が出た場合などはもっと悲惨で、本社にポストがないということで退職に追いやられたりするケースもあるそうです。

海外駐在を受ける場合は、将来帰国するときには、良くて別の部署の課長を受け持つことになり、悪ければ職制上は係長として事実上の降格になるというリスクを覚悟する必要があります。

本当に割り切ってしまうならば、いざとなれば現地の企業に転職をしてしまい、日本には「駐在員」として帰ってくるぐらいの勢いで仕事を学んでしまうという方法もあります。あるいは、駐在員同士の付き合いを大切にしつつ、他社の駐在員とのネットワークを大事に築いておけば、いざというとき転職のきっかけになる可能性も生まれるでしょう。

転職を視野に入れて準備をしておけば、ポストがないと言われたとしても強気のネゴができるので、結果として悪くないポジションで帰国できる可能性も高くなるでしょう。

そもそも海外市場の重要性が増していく中で海外経験を得たのですから、本来は海外駐在を経験した人材は、人材市場における人材価値が高まっているはずです。

転職には大きなリスクがあるので軽はずみに転職することは避けるべきですが、会社に足元を見られるようではいけません。

私の知り合いに、駐在期間中に現地の夜間大学に通い、現地でキャリアアップ転職に成功した人もいます。海外駐在をステップアップとできるかどうかは、駐在期間をどのようにして過ごすのかにかかっています。

どうせ転職を考えるなら、外国企業の外国本社？

これだけ、日本の将来が暗い時代なのです。日本国内の競合他社に転職するような、そんな小さな視野で、自らのたった一度の人生を考えるのはもったいないとは思いませんか？

なるほど、国内に支社のある外資系企業への転職であれば、多少の刺激にはなるかもしれません。しかし、どうせ転職を考えるなら、外国企業の外国本社を検討してみるのはどうでしょう。完全なアウェイでのキャリアになりますが、それだけに刺激的です。

当たり前ですが、今の企業で通用しない人が、外国で言葉も不利な状況で活躍できるはずはありません。まずは、今の企業において、大成功をすることが第一の目標であるべきです。さらに、しつこいですが、転職してうまく行くというケースは、決して多くはありません。転職には、できる限り慎重であるべきです。

私自身は、27歳の若手人材にすぎなかったとき、オランダ企業のオランダ本社に転職をしています。語学で苦労をするかなと思っていましたし、実際に語学で苦労もしました。しかし、一番苦労をしたのは、自分自身のスキルの足りなさでした。若手人材なみのスキルしかなかったのです（なので、転職直後の人事評価はひどいものでした）。

語学は、時間が解決してくれます（逆に、いくら頑張っても完全には解決しません）。しかし、スキルは、勉強をしなければ、いつまでも課題であり続けます。ある意味で、**外国企業の外国本社に勤務することではっきりするのは、仕事においてはスキルがすべてだという事実**です。そして今後は、多種多様なバックグラウンドを持つ部下のマネジメントほど、重要になるスキルはないでしょう。

運よく、海外駐在を命じられることにより、このスキルを身につけられるかもしれません。しかし、**海外駐在の可能性がないような職場であれば、外国企業の外国本社への転職は、検討に値する**と思います。

海外の大学を出れば、国内で普通に大学に通って就職をする場合と比較して、生涯年俸で1億円以上の差がつくとも言われます。そんな背景からか、日本国内で最優秀と言われるような高校生たちが、いよいよ、東大一択ではない大学選びとして、海外の大学に進学するようになってきました（たとえば、開成高校では生徒の10人に1人が海外進学を考えているそうです）。

大学留学の時点で、海外を選べるのは、高い学費と生活費を出せる家庭だけの話です。しかし、外国企業の外国本社への転職であれば、ちょっとした勇気さえあれば、普通の人でも狙えます。突破すべきなのは「自分には無理だ」という先入観だけです。しっかりと真面目に仕事をし、勉強もしてきて、課長にまでなれた人であれば、転職自体はそれほど難しいものではないでしょう。

問題7 違法スレスレの行為を求められる

いつだってギリギリの線で勝負が決まるのがビジネスというものです。ときには法的に疑問がある「グレーゾーン」において仕事をすることが求められるケースもあるでしょう。

当然、正しい法律の知識を持っていることが望ましいのですが、法律の専門家ではないビジネスパーソンが関連する法律をすべてカバーするというのは事実上不可能です。

常識と良心を頼りに判断する

結局、**実務において最も頼りになるのは自らの常識**です。これまでの人生において学んできた常識と照らし合わせて、仕事の合法性に少しでも疑問を持ったら、それをそのままにしておかないことです。

違法性を知りながらも、上司が何らかの法律に違反する仕事をあなたに求めてきたら、それはキッパリと断るべきです。それで人事評価が下げられるような会社であれば、転職の準備を進めたほうが賢明です。自らのスキルに投資をするのは、そうした違法行為を求められるような企業に、しがみつかなくて良いようになるためでもあります。

中古車販売の大手企業などでも、違法行為が日常的に行われていたというニュースは、記憶に新しいでしょう。このような違法行為が日常的になされる状況に慣れてしまえば、いずれは罪を問われる日が必ず来るのです。

常識的な良心というブレーキを失ってまで得なければならない利益などありません。良いビジネスパーソンたるには、**いくら儲けたのかという「収益の量」ばかりを問うのではなく、どのようにして儲けたのかという「収益の質」を常に問う態度が大切**です。

近年、企業による不祥事は枚挙にいとまがなくなり、日本ではコンプライアンス（法令遵守）への機運が非常に高まっています。多くの企業内に、コンプライアンスを担当する部署やチームなどがあるはずなので、そうした専門家チームによるトレーニングを一度は受けておくと良いでしょう。こうしたことを面倒がらないことがグローバル・スタンダードだと、腹をくくってください。

社内ではそうしたトレーニングが受けられないとするなら、社外の専門家を招いてでもコンプライアンスに関する一通りの知識を得ておくことは決して無駄にはならないと思います。

海外では常識で判断できない

ここで気をつけなくてはならないのは、常識で難を回避できるのはあくまでも日本国内の場合であるということです。海外では日本の常識が通用しないこともあります。

特に注意したいのは、海外で現地の労働者を雇う場合、現地の労働基準法の遵守はもちろん、国際労働基準の遵守にも努めることです。労働基準法違反は立派な犯罪です。よく知られている通り、**日本人は明らかに「働きすぎ」の傾向があり、日本人の常識で現地従業員を働かせると、思わぬトラブルになる可能性があります。**

海外駐在を命じられたときなどは、現地の日本の商工会議所などを利用して、法的な注意点を常に正しく確認しておくことが望ましいでしょう。最近は、どこの国の商工会議所もホームページでトラブルの例などを取り上げてくれているので便利です。

COLUMN

米国ディスカバリー制度

バレないだろうと思って何か良からぬことを企んだとしても、いざ訴訟となれば、その真相は意外なほど簡単に検事や相手側の弁護士に把握されてしまうものです。

特に米国の企業に訴えられたり、または米国で裁判を起こされれば、俗に「ディスカバリー制度」と言われる米国の情報開示義務によって、社内の「すべて」の文書情報が、裁判の相手側の弁護士の手に渡ることになります。中でも特に電子データの開示はEディスカバリー（電子情報開示）と呼ばれ、強力なパワーを持っています。

どんなに秘密裏に進めたとしても、社内メールやグループウェアのやり取りには何らかの「足跡」が残るものです。そこから罪が明らかにされるケースはこれからますます増えていくことになります。今はまだ上手に隠せるようなことも、今後は、技術の発展とともに難しくなっていきます。

結論としては、誰かに監視されていたら決してやらないようなことは、はじめからやらないという心構えが重要だということです。

特にメールやグループウェアは気軽なツールなだけに、社外の人に読まれたら誤解されるようなことなどは、決して冗談でも書かないように注意しないといけません。たった一通の社内メールが証拠として採用され、巨額な賠償金や和解金を支払うことになるようなケースが実際にあるのです。

たとえば、製造物責任法（PL法）上問題があるような製品や、知的財産権法に違反するような商品をそれと知りつつ製造したりすることは、いずれ必ずバレると考えておくべきです。電子データは、半永久的に残ります。若気の至りでも、数十年後に罪に問われるかもしれないと考えてください（法律的には時効もあるでしょうが、社会的な罰は必ず受けることになります）。

大企業であれば、独占禁止法違反になるような談合や競合の締め出しを社内で企てれば、手痛いしっぺ返しを食らうことになるでしょう。

このディスカバリー制度は米国のもので、日本ではまだ導入はされていないのですが、日本でも裁判の充実と迅速化のためには、この米国ディスカバリー制度に倣って証拠収集の手続き改善を進めるべきだという意見も少なからずあるようです。

違法行為をしなければどうしても儲けが出ないような仕事は、はじめからするべきではないということでしょう。

問題
8
昇進させる部下を選ぶ

部下を昇進させるときに決して曲げてはならないのは、イエスマンを選ぶのではなく、**多少トゲがあっても必ず「本物」を昇進させる**ということです。

「大企業病」の本質は、本来は昇進すべきではない偽者が昇進しているということに尽きます。偽者が昇進すると、公式な組織の権威と、実力のある裏の組織が大きく分離してしまいます。結果として、社内政治にばかり時間のかかる組織になってしまうでしょう。それが組織の競争力を奪うことになるのです。

「本物」をどうやって見分けるか？

ここで言う**「本物」とは、個人的な利害ではなく、会社全体の利害を考えて会社を成長させることができる人物、さらに従業員の皆をハッピーにするために、無私に優れた仕事**

をすることができる人物のことです。

しかし困ったことに、そうした人物を見分けることは実に難しいことです。人というものは、その人の語るところをただ信用するような方法では判断することはできないからです。小林秀雄ふうに言うなら、人物を見るということは、ただぼんやりと眺めていて浮かび上がってくるようなものをすくい上げる作業ではない、という具合です。

主体的に人と関わりながら、本当に凄い人物というものをたくさん見る経験を重ねることでしか、人物を見る能力を鍛えることはできそうもありません。

私の観察では、**本物と言えるような若手の部下というのは、控えめに言って生意気、ハッキリ言って無礼で可愛げのない人材であることが多い**ように思われます。しかし、無礼だからという理由で昇進を遅らせたりすれば、こうした人材は簡単に会社を辞めてしまいます。

彼ら、彼女らが無礼なのは、明日の自分の評価といった近くではなくて、自社の未来、ときにはそれを超えて日本の未来といった、ずっと遠くを見ているからなのでしょう。

もちろんこれは、無礼であれば本物だとか、礼儀正しければ偽物であるといった簡単なことではありません。無私であるということは、物静かであることとはまったく別物だということを言いたいのです。

優秀な部下に協調性の大切さを教える

とはいえ、協調性がなく生意気でも許されるのは若いうちだけです。**世界レベルで突出したスキルでもない限り、グローバルな環境でも、協調性の欠如は問題になります。**人間として成熟することなしに昇進がありえるのはせいぜい係長までです。大人にならない限り、それ以上の昇進はないと理解させる必要もあります。

日露戦争の直前、当時は退役寸前であった東郷平八郎が連合艦隊の司令長官に抜擢されたのは、順位や功績で言えばその地位に納まるはずであった日高壮之丞に、少なからぬ命令違反の過去があったからだと言います。

せっかくの才能を子どもっぽい態度で無駄にすることはないのですが、元気の良い若手にそれを正しく伝えるのには時間もかかります。

自己主張をするということは、リスクを取るということです。ですから自己主張をするときには、具体的に自分がどのような結果を求めて、どの程度のリスクを呑み込むのか（リスクとリターンのバランス）を正確に把握する必要があるということを、じっくり教えていくのも上司の役割です。

さらにこれからの時代は、昇進させるべき部下が正社員であるとは限らない時代です。契約社員や派遣社員、パートの中からも、正社員の部下以上の働きをするものが必ず現れます。

むしろ雇用条件が不安定な非正社員にはハングリー精神がありますから、非正社員のほうが優秀という状態は珍しいことではなくなるでしょう。そんな中から、正社員として登用すべきだと思われる人材がきっと出てきます。

非正社員を正社員として迎えることは手続き上簡単なことではないかもしれませんが、彼、彼女が「本物」であるならば、それを正社員として登用しないという選択はありえません。

部下の嫉妬に対処する

部下を昇進させるときに問題になるのが、他の部下たちの嫉妬です。

これを防ぐひとつの手立てとしては、昇進させる部下を、涙をのんで、昇進と同時に他の部署に異動させてしまうという方法があります。昇進しなかった部下も、昇進した人間が身近でなくなれば、感じる嫉妬も小さなものになります。また、昇進する部下にとっても、部署を変わることは、広い視野を築くきっかけになるでしょう。

課長にとっても、**自分の下で修業をした部下を昇進させ、それを別の部署に「送り込む」ことは、社内の政治的なネットワークを構築する手法として有効**です。もちろん部署を変わっても、そうした元部下との連絡を絶やしてしまってはいけません。

問題9 ベテラン係長が言うことを聞かなくなる

チンパンジーのDNAは、人間と98％共通するそうです。進化上、チンパンジーと人間の祖先が系統を分けたのは、わずか700万年前のことですから、まあ、当たり前ですね。

そんなチンパンジーの社会は人間同様ピラミッド型で、地位の低いサルが、より地位の高いサルに出会ったときには、愛想笑いまでするとか。彼らの世界にも、権力争いがあります。ボスザルを倒すために、二番手、三番手のサルが共同でボスザルに戦いを挑むことも日常茶飯事なのだそうです。

課長に係長が挑んでくるというのも、ほとんど本能的な部分もあるのでしょう。**良い関係を築けていると信じていた係長から、いきなり攻撃を受けても驚いてはなりません。**

勝負というものは相手の意表をついてこそ勝ち目も高まるというもので、いちいち意表をつかれることに驚いていては神経が持ちません。それに、クールでなければ、合理的な判断もできなくなってしまいます。

課長からのよくある相談として「年上の部下の扱い」に関することが挙げられます。組織の中で昇進していくということは、そもそも年上の部下が増えていくことでもあります。ですから「年上の部下の扱い」は、さらなる飛躍を考えている課長にとって、必ず身につけておくべきスキルなのです。

この点に関しては、9歳にして長州藩の藩校明倫館で教師の見習い、10歳にして正式な兵学師範に、そして11歳のときには藩主の毛利敬親（殿様）に対して兵学講義を行なったという吉田松陰の事例が参考になるかもしれません。吉田松陰は、自分よりも年上の生徒ばかりを相手にしていたからです。

松陰がとった教師としての態度は「生徒と共に学ぶ」というものでした。年上の生徒からすれば、子どもに教えてもらうのは、どうにもプライドが邪魔をするでしょう。だからこそ松陰は、自分が勉強をしている姿を生徒に見せるという教授法を採用したのだと思われます。**必要な知識を教えるのではなく、そうした知識を得るための態度を教える**ということです。勉学に向かう鬼気迫る態度を見せることで、ずっと年上の生徒たちであっても、自分と相手の年齢差など気にならない環境を与えたのです。

ベテラン係長の反乱を未然に防ぐ

係長クラス以下の部下の中でも特にベテラン係長というのは、課長の痛いところを熟知して、そこを攻めてきます。課長としても対処が困難になることが多いでしょう。そうしたベテラン係長は、部長などへの根回しを実行することにも長けているので、取り扱いを誤ると課長の進退問題にもなります。

こうした事態が起こってしまう原因は、なかなか課長になれないベテラン係長にとっては、普段の仕事に新鮮味やチャレンジングなところが少なく、与えられる仕事がつまらないという点にありそうです。

「このままでは係長クラスのままキャリアが終わってしまうかもしれない」という焦りもあるでしょう。身を粉にして働いたのにもかかわらず、その結果が係長クラス止まりという現実は、どうにも受け入れ難く、なんとかしてより高度な新しい仕事の経験がしたいと考えていても無理はありません。

だからといって、ベテラン係長が課長を追い落としにかかるという行動を容認することはできません。この問題へのひとつの対応策としては、**将来性のある優秀な係長（若手）と**

ベテラン係長の間で業績を競わせるという方法があります。これに成功すれば、係長たちは課長に攻撃をしてくるどころか、逆に気に入られようとして態度を軟化させるはずです。この対策は、結果として課全体の業績を高めることにも大きく貢献します。

また手間のかかる新人教育をベテランの係長に任せ、人材育成という、特に重要で困難な仕事をさせることで、「自分は、いつか課長として活躍するために必要なスキルを学んでいるのだ」と感じられるようにしてやることも有効でしょう。

課長としてできることはしたにもかかわらず、それでもベテラン係長が出したナイフをしまおうとしない場合は、その係長が業務命令に従わないという証拠（メールや他の部下の証言など）を十分に収集し、人事部と相談して、法律の範囲内でしかるべき措置を取るようにします。

正当な理由なく、チームの和を意図的に乱そうという人物に対しては、他の部下への示しもあることですから、毅然とした態度で当たるべきです。

自らを権威づけする

課長は部下にとって温かい人物であるべきですが、弱腰である必要はまったくありません。**課長が弱腰になってしまうと、部下全員が動揺してしまう**ものです。

課長である自分に普段から小まめに権威づけをしておくことは、部下から無駄な攻撃を受けないためにも大切なことです。いかにも権力の弱そうな課長では、血気盛んな優秀な部下の攻撃をわざわざ呼び込むようなものだからです。

権威づけとは、いわば課長が自らに「権力のブランド」を構築するということであり、孔雀の羽のようなもので、ある程度までは虚飾性が入り込むことは避けられません。くだらないインチキだと思っても、権威が人の態度に大きな影響を与えるということは疑えない人間社会の現実です。

権威に負けないだけの人格を人類のマジョリティに期待することはできません。であるならば、目的のために、このような人間の性質を利用するまでです。

権威づけには、いくつか有効な方法があります。

［権威づけの方法❶　社内ネットワークの広さをアピールする］

一番わかりやすい権威づけとしては、課長の政治的ネットワークが、広く経営者層にまで及んでいることを部下に知らしめることです。専務や常務とゴルフに行った話をそれとなく聞かせたり、社長と飲みに行って叱られた話をしたり、社内報に取り上げられたりなどといったことです。本当にくだらないことですが、実際に有効なのです。

こうした話から部下は「社内政治的に、この課長と争うと不利になる」と感じるようになるからです。余談ですが、管理職クラスの転職の難しさは、転職先ではこの社内ネットワークの力がリセットされてしまうために権威が弱まり、部下がなかなか言うことを聞かなくなることにもあります。

[権威づけの方法❷ 自己イメージの管理に気を配る]

個室、広い机、最上階の部屋、万年筆、秘書を通した連絡、仕立ての良いスーツ、上質な時計、高級外車、品の良い会員制のバー……。これらは、古くから世界中で行われてきた権威づけの手法で、違う世界で生きているという「階級の違い」を誇示し、他人の中の自己イメージを管理することを主な目的としています。

あの偉大な科学者ニュートンですら、大学の食堂での着席順位を、より上位の席と交換してもらうためにお金を払ったりしています。馬鹿馬鹿しい話なのですが、自己イメージを管理することは、むしろ国内よりも海外で重要になります。

世界のどこの銀行も、本店とされるビルが驚くばかりの荘厳さ（重要文化財クラス）を持っているのは、大衆から銀行に求められる安定感を演出するためだと言われています。同様に、自らに「歴史を感じさせる立派さ」を備えることも権威づけを助けることになるでしょう。

[権威づけの方法❸ 社会的な証明を得る]

学歴や資格では人の実力を測れないという意見もあります。しかし学歴や資格にブランドとして非常に高い価値があることは、日本でもかつて社会問題化した「偽学位」の存在、すなわちディプロマ・ミル（学位工場）がなぜ、ビジネスとして成立したのかを考えれば明らかです。学歴や資格には、現実として意味があります。

ディプロマ・ミルのお世話になるのは恥ずかしいことですが、きちんとした社会人大学などに通って学歴を取得したり、勉強して資格を取ったりすることには、単なる知識の取得以上の意味があることを知らなければなりません。

学歴や資格以外の社会的な証明としては、雑誌の取材を受けて記事になったことがあったり、著作があったり、近年では著名なインフルエンサーだったりすることなどが挙げられます。

＊　＊　＊

多くの人間には、主流・本流にいることによる安心感を好み、そうした権威に依存し、甘えたいという欲求が避け難く備わっています。

特に会社組織においてこのような権威づけが重要になるのは、結局、昇進を決める人事評価というものが、どうしても主観的なものにならざるを得ないからです。

昇進を決める人も、その人事評価が正しいものであるとする権威づけが不十分であれば、昇進のように重大な決定を下すことを不安に感じて当然です。

多くの人から「あの人ならば適格だろう」と思われるような人望のある人物でないと、どの世界でもそうそう昇進は望めないという歴史的真実には、こうした力学が背景にあるのです。

権威づけに必死すぎる人は確かに醜いものです。しかし権威に意味などないと言い切る人の言葉を、そのまま真に受けてしまうというのは、明らかにナイーブではないでしょうか。仕事で高い業績を上げるためには、自己イメージの管理も重要です。世界で通用するような天才でもない限り、私たちは、そうした現実にも目を向けるべきです。

［本章のポイント］

将来起こる問題に事前に備えるには？

- Cクラス社員には「こなせる仕事」を与え、モチベーションと能力を高める。「自分ができることは他人にもできるはず」という発想で当たってはならない。
- 部下から辞意を伝えられて、はじめて部下の気持ちに気づくようでは課長失格。社内に政治的ネットワークを築き、多面的に部下を観察する必要がある。
- 部下の「辞めたい」という言葉は「話を聞いて欲しい」サインであることもある。部下の本音を引き出し、退職を引き止めると同時に、自らの成長の機会とする。
- 心の病のきざしに気づけるように、メンタルヘルスの基礎を学ぶ。他者の気持ちに敏感な部下から、様子のおかしい社員を教えてもらえるようにしておく。

外国人との問題は「文化の違い」が原因か「態度の問題」かの見極めが肝心である。
「文化の違い」が原因の場合は、上司に報告し慎重に対応しなければならない。

ヘッドハンターから声がかかっても、結論を急がず長期的視点で付き合うほうが賢明。
転職したら、前の職場の話はせず、新たな職場の仕事のやり方を学ぶことから始める。

海外駐在では、帰国後のポストの保証がないことを前提に考える。
海外経験を機にステップアップできるかどうかは、駐在期間の過ごし方次第。

仕事の合法性の判断の頼りになるのは、自らの常識と良識である。
ただし海外では、常識が通用しないケースは少なくない。

昇進させるのはイエスマンではなく、会社全体の利益を考え、
無私に優れた仕事ができる「本物」の人物でなくてはならない。

若手と業績を競わせたり、困難な仕事を与えることで、ベテラン係長の反乱を防ぐ。
自己イメージの管理に気を配り、常日頃から自らを権威づけする必要がある。

第5章

課長のキャリア戦略

ビジネスの世界はすべて二種類のコインで支払われる。
すなわち、現金と経験だ。
まず経験を取ること。現金は後でついてくる。

―― ハロルド・S・ジェニーン（AT&T元会長）

リーダーシップの本質は、価値観や雇用形態を超えて、周囲の多くの人々から「この人と一緒に仕事をしたい」と思われることにあります。課長という地位は、そんなリーダーとしてのキャリアを歩み出したばかりのリーダー1年生です。課長から、さらに上の地位を求めるということは、自らの中のリーダーシップを学び育てていくことに他なりません。

この章では、そのための方法論にフォーカスして話を進めます。

戦略 1 自らの弱点を知る

米国海軍の飛行訓練では「大胆不敵なパイロットは長生きできない」と教えられるそうです。キャリア戦略というと前を向いて前進するイメージですが、キャリア戦略の構築は、いつもバックミラーを見ること（振り返り）から始まります。

自分の負けパターンを知っておく

課長ぐらいになれば、これまでにこなしてきたルーティン・ワークも相当な数になるはずです。そんな経験から、自分の典型的な「負けパターン」を洗い出しておきます。人材の客観テストのような、専門家によるコンサルティングを受けてみるのも良いでしょう。

自分の弱点をはっきりと認識し、負けパターンのシグナルとなる初期症状を覚えておきましょう。**自分の弱点を根本的に克服することは困難でも、同じ失敗はテクニックで回避**

できるからです。弱点を回避できないなら、そこを部下や社外にアウトソースすることも考えるべきです。

キャリア形成のためには、自らの強みを活かして、手柄を立てるだけではまったく不十分です。長くビジネスをやっていても、大手柄を立てる機会などそうそうありません。基本的な仕事のスタンスは、大手柄を立てようなどと考えず、**自らの負けパターンを知り、注意深くそれを回避しつつ、極力失敗を少なくする**、といった形であるべきです。

「失敗を恐れずに〜」などという決まり文句に踊らされてはなりません。いかなる勝負事の世界においても、強い者は基本的なところでの失敗は絶対にしません。負けないことが第一で、そうした態度が勝つための運を呼び込みます。

特に日本の人事評価制度の特徴は減点法にあるのですから、まずは失敗を遠ざける努力をしましょう。それに、失敗の多い課長についていく部下も大変でしょう。

怒りの表現には要注意

一般的に見られる負けパターンの入り口としては「怒り」の感情の処理が挙げられます。この感情のコントロールが下手だと、ビジネスにおける成功を逃すのは確実です。この分野も、昨今ではアンガーマネジメントと呼ばれ、広く注目されるようになりましたね。

怒りに任せて行った判断は、怒りの解消が目的になってしまいます。それは、決して合理的なものにはなりません。勝負事の世界では、勝ちたい相手をわざと怒らせることで、相手から冷静さを奪うという方法は、古くから知られた心理的なテクニックです。

どうしても自分が怒っていることを相手に伝えたいのであれば「とても残念に思っています」といった具合に、怒っているという事実をクールに述べることに努め、怒りに任せた発言は絶対に避けるべきです。特に電子メールやグループウェア、SNSには要注意です。怒りに任せて自分の意見を表明してはいけません。

文章というのは、もともと誤解を生みやすいコミュニケーション・ツールです。こうしたネット上での発言のせいで、不必要に険悪なムードを作り出してしまった苦い経験というのは誰にでもあるのではないでしょうか。

こうした便利なツールは、そこでのコミュニケーションが、記録として半永久的に保存されるという側面も無視できません。

自分が知らないことを知る

もうひとつの典型的な負けパターンの入り口としては「自分の理解を過大評価する」ことが挙げられます。「井の中の蛙、大海を知らず」と言いますが、「自分が何を知らないのかを知らない」ことはビジネスの大きな落とし穴になります。

この状態を逃れるためには、手柄を独り占めしようとして物事を自分だけで進めることを常に避け、**問題が複雑すぎるような場合は、時間稼ぎをしてでも、その問題を解決するのに最も適切な人物を探すことをためらわない**ということです。

戦功を焦って、一歩退いて状況を観察できない兵隊は、行動が一直線で狙い撃ちされやすいものです。

戦略

2 英語力を身につける

これからは少子高齢化によって国内市場は衰退し、かつ日本の労働者人口は激減します。これによって、今後は外国の市場や労働力の重要性が高まっていきます。英語ができないと、まず仕事になりません。

当たり前のように外国人が上司や部下となったり、海外駐在の機会も増えていきます。そして英語ぐらいできないと、部下にバカにされてしまいます。

英語はビジネスの道具

「これからは中国の時代だから」と、英語の勉強もそこそこに中国語や他の言語の勉強を始める人を見かけることがありますが、中国は、これから10年以内に、英語を話すことができる人口ナンバー・ワンの国になるそうです。

アルファ・ブロガーでシリコンバレーに在住されているコンサルタントの渡辺千賀氏は、著書『ヒューマン2・0』（朝日新聞出版）の中で「2050年には世界の半分が英語が話せるようになる」と予測しています。

また、ネット上にあるコンテンツの量は、英語ベースのもののほうが圧倒的に日本語ベースのものよりも多いのです。ベストセラーとなった『ウェブ進化論』（筑摩書房）の著者、梅田望夫氏とプログラミング言語Rubyの開発者として世界的に有名なまつもとゆきひろ氏も、対談の中で、「英語圏のネットは日本語圏の10倍」と述べています。

10倍です。この**膨大な英語ベースの情報を活用することができるかどうかで、仕事の結果に差が出るのは当然**ではないでしょうか。

英語はビジネスの道具と割り切って、できる限り早く英語をモノにしましょう。

モノにするとは言っても、英語は、ネイティブなみにキレイに使える必要はまったくありません。世界のビジネス現場で最も話されている言語はアメリカン・イングリッシュでもブリティッシュ・イングリッシュでもありません。最も使われる英語はブロークン・イングリッシュです。

とはいえ、真に創造的な人間は、自らの使用する道具を愛するものです。

イチローはどんなに試合や練習が終わるのが夜遅くなったとしても、自分のグローブの手入れを欠かさないという話は有名です（ちなみにイチローに関する著作のあるロバート・ホワイティング氏によると、イチローは自分のグローブを自分で磨く、メジャーリーグでただ一人の選手だそうです）。

ビジネスパーソンとしての成功を考えているのであれば、英語を道具に過ぎないものだからといって放っておいてはいけません。

英語力の習得には地味で長いトレーニングが必要です。英語がわかるようになったという実感が現れてくるまでには、相当な時間がかかります。そうすると、どうしても日々の火消し的なこと、すぐに結果が出ることを優先させてしまいたくなるのが人情というものです。しかし、毎日一定の時間を取って、地道なトレーニングを欠かさないことがとにかく重要です。

ここで、あなたの「典型的な一日」を思い出してください。その**「典型的な一日」の中に、英語のトレーニングの時間が入っていないとするならば、非常に危険**です。

戦略

3

緩い人的ネットワークを幅広く形成する

これまでに数回しか会ったことがないような知り合いとの関係を「弱い絆」とし、それと対照的に家族や親友、仲の良い同僚などとの関係を「強い絆」とします。「強い絆」のほうが「弱い絆」よりも常に大切であるかのように思われますが、実は「弱い絆」にも重要な役割があるということがわかっています。

この理論の元になる仮説を提唱したのは、米国の社会学者であるマーク・グラノヴェター教授（スタンフォード大学）です。彼は1970年代初頭、ハーバード大学の博士課程在籍中に、人が新しい職を得るときにどのような人的ネットワークを利用しているのかを調べ、興味深い発見をしました。

調査結果では、まず過半数の人が新しい職を得るときに個人的なつながり、いわゆる「コネ」を利用していたことがわかりました。そして**コネのうちの80％を超えるケースがなんと「弱い絆」であり、就職に際して「強い絆」が成功をもたらしたケースは20％にも満た**

ないものだったそうです。

この研究は、かなり限定された条件のものかもしれません。しかし、この理論は「弱い絆」がもたらす情報の有益性を示す例として注目に値します。

強い絆はマイナスに働くこともある

「強い絆」は社会的な地位や価値観の似たもの同士の間で形成されます。もともと人間は価値観のよく似た人を好きになるものです。話の通じる人同士が友達になり、その輪は似たもの同士の間で広がります。

こうした「集団化」は価値観の似ていないものを排除するという負の特徴もあります。強い絆で結ばれた集団は、他の集団とは不干渉となってしまう可能性が高いのです。

強い絆が形成された集団というのは、あえて悪く言えば「仲良し集団」です。集団内では意見の正当性を議論することよりも、関係維持のほうに心理が流れる傾向があります。もともと似ている価値観から、反対意見などが提唱される頻度も小さく、どうしても集団内部での価値観は先鋭化しやすいのです。

仲の良い職場を作ることは大切です。しかし、行きすぎて**異なる価値観が許容できなく**

なり、幅広い視点を失うと、合理的な判断ができなくなります。集団のトップが必要以上に大きな政治力を持つことになり、判断の多くが政治力によって決められてしまうことになります。社外取締役の必要性や、異業種交流会、さらには異文化交流の大切さもこれと似たような理屈から説明できます。

とはいえ価値観の似たもの同士が集まってこそ文化が成熟するという側面もあります。堅固な企業文化を築くことは、事業の成功のために大切な要素のひとつです。結論として強調したいのは「強い絆ばかりを優先させてはならない、弱い絆も大切にケアしていくべきだ」ということです。

気心の知れた仲間と飲むのはとても楽しいことです。しかしときには同じ社内でも普段はあまり話をしない人と交流したり、社外勉強会などに参加することで、異分野で活躍する人と「弱い絆」を築いておくことは、新しい視点を得るためにとても有用です。

有用か否かという視点で付き合う人を選別する態度は、人間として貧しいかもしれません。ですが、お互いに意味のある関係であろうとすることに、なんら恥じるところはありません。

戦略４ 部長を目指す

部長ぐらいになると、その人の年収が、人材市場での価値（マーケットバリュー）より高くなることが少なくありません。実は部長というのは、転職で給与が下がる典型的なポジションでもあります。

その原因は、課長が務まる人には、スキルだけで考えれば、部長も務まることにあります。人材市場での部長の需要に対して、供給側は部長経験者ばかりではなく課長経験者も入ってきます。ですから供給過剰になり、部長の市場価値は値崩れしやすいわけです。

部長になるのはなぜ難しいのか

このように部長というのは特権的な地位ですから、定年以外の理由でわざわざ辞める人は少ないのです。そう考えると、**課長がどんなに優秀であっても、部長に昇格することは**

かなり困難であるという事実が浮かび上がってきます。そもそもポストの数が課長よりもずっと少ないだけでなく、部長は、定年まではまず辞めないからです。

課長にはない部長の難しさを挙げるとすれば、それは自分の専門外の知識を持った部下を管理監督しなければならないということに尽きます。

現場の知識では歯が立たないのですから、「責任は俺が取るから、あとは自由にやれ」というスタンスが、部長による部下の管理手法の主流になります。逆に言えば、部長は自分一人ではまったく仕事ができない状態にあるのです。

とはいうものの、課長ともなれば末端社員とは異なり、ビックリするようなミスをする可能性も低く、仕事を任せてもそれほど大きな問題は起こらないものです。日本のビジネスパーソンにとっては、事実上の「あがり」とも言えるのが、部長という地位でしょう。

部長の上は本部長や経営者になりますが、起業以外の方法で、部長が経営者に上りつめるために必要なのは「運」です。個人的には、部長が経営者に出世するための方法は、論ずることができないものだと思います。

では課長が部長になるための方法はあるのでしょうか。これにはいくつか考えられるので、もう少し話を進めてみます。

［部長になる方法❶　自分の課を成長させて部に昇格させる］

仕事をたくさん取ってくることで、自らの課を部のレベルに成長させてしまうという方法があります。これができれば、自らの部下にも昇進の機会を与えることができます。

さらに自分の上司である部長を本部長、経営者に押し上げることもできます。社内政治を考えても、これは非常に有利なことです。

かつての自分の上司を経営者に押し上げられれば、自分にも経営者への芽が出ることになります。ビジネスパーソンとしての人生も、まず「成功」と言って良いものになるでしょう。この**自分に関わる周囲の同僚に対して昇進を届けるという方法が、課長が部長になる王道**だと思います。

大企業でも若くして部長になる人というのは、この道を通っているものです。実績によって部署の人数を増やし、多くの部下に良い人事査定を行うことになるわけですから、前例からして若すぎる昇進であっても、周囲の納得感を得やすいからです。

［部長になる方法❷　部長の定年後のポジションを狙う］

定年退職が近い部長の下で課長になるという方法も考えられます。他の課長との競争になりますが、部長のポジションが空くのは10年に一度程度の貴重な機会です。ジョブ・ローテーションなどで他の部署の課長を引き受けるような話があったときに、そこの部署の部長の年齢はひとつのチェックポイントになるでしょう。

管理部門などで自分の課を成長させることが困難な環境にある場合は、この方法を取るのが良いでしょう。言うまでもないことですが、課の数が少ない部に異動するほうがライバル課長の数が少ないということになりますから、部長になれる可能性は高くなります。ただ、この方法は「待ち」の戦法であり、部長の退職後、必ずしも自分がその席にすわることができると保証されているわけではありません。そこで、少しでも可能性を広げるために、子会社の関連部署における上級職の定年退職を狙っていくという方法もあります。

［部長になる方法❸　花形部署に社内転職する］

花形部署は業績が伸びているのですから、そこに所属しているだけで人事評価は自然と高いものになります。さらに花形部署では課が部に、部が本部に昇格する可能性が高く、仮に部署がすでに本部レベルにまで成長していたとしても、新たな部が作られたりして、昇進の機会にも恵まれやすいわけです。

実際、採用順位の高い人材というのは、将来の幹部候補として花形部署に配属されるものです。社内転職ですから、これまでに築いてきた社内のネットワークも活かせますし、社外に転職することほどにはリスクは大きくないというのが最も大きな魅力です。

問題があるとすれば、花形の仕事というのは、市場全体が伸びていることが多く、社外との競争が厳しいということです。この競争に勝ち残るためにこそ、花形部署には優秀な人材が集められるわけです。結果として、花形部署というのは人件費もかさみ、収益上はあまり良くないというケースは少なくありません。

ここで、社外との競争に敗れてしまうと、花形部署もあっけなく雲散するということになります。それなりに長くビジネスパーソンとして仕事をしていれば、実際にそうした話を見聞きしたことがあるはずです。花形部署への社内転職は、意外とリスクのある話でもあります。

［部長になる方法❹　転職する］

部長としていきなり他の会社に転職することは、長いことその地位を狙ってきた課長の上に降り立つということです。よそ者に、いきなり自らの昇進の機会を奪われた課長たちからの大きな反発が予想され、容易なことではありません。そうまでして部長になることに本当にメリットがあるのかどうかは疑問です。

それでも、という場合は、事業規模が急拡大しているベンチャー、中小企業や外資系企業の日本支社などを転職先として狙うと良いでしょう。事業が拡大しているところや外資系企業には転職者が多くいるわけですから、落下傘を背負ってポジションに降りてくる人材も多く、一人だけ目立ってしまうことが避けられるからです。

ギリシア神話に登場するイカロスは、鳥の羽を蝋《ろう》で固めて作った翼で空を飛び、牢獄から脱出します。しかし父の警告を忘れ、高きを望みすぎて太陽にその翼を溶かされて墜落してしまうのです。

人が高いところを目指すことへの警鐘は、世界中いたるところに存在しています。上の「まぶしさ」に惹かれることは、いつの時代も危険なことなのです。

残念なことですが、転職がうまくいくというケースは、そんなに多くはありません。それに、転職者に部長職を与える会社は、その転職者が結果を出せなければクビとして、また他の候補者の採用に動くでしょう。

これも経営としては合理的なことですが、そうした生き馬の目を抜くような厳しい世界で本当に戦っていきたいのか、よくよく自問自答する必要があると思います。

戦略5

課長止まりのキャリアを覚悟する

部長になってしまうと現場から距離が遠くなり、仕事の面白みが少なくなると感じる人もいるでしょう。実際、ベテランの課長として**若手社員とともに現場の仕事をこなしつつ、部長を補佐するという仕事には、課長にしか味わえない楽しさがあります。**

部長ともなると、新入社員教育などに関わるチャンスが減り、新しい世代のモノの見方を学ぶ機会もなくなってしまうものです。さらに他の候補の昇進を抑えて自分だけが部長にまで上りつめるというのは、現実にはなかなか困難です。

昇進をあきらめることのメリット

逆説的ですが、「昇進はもういいや」と決断すると、想像以上に自由な発想で仕事ができるようになり、思わぬ高業績を上げて、望みもしなかった昇進をすることになったりするものです。
昇進をあきらめ無私となった課長は、上司である部長から「この課長は、手柄を独り占めにして、部長の自分を出し抜くような危険人物ではない」と理解されることも大きいでしょう。

無私になるということが優秀な管理職の条件であるとする人は、実は日本企業、外資系企業の別なく少なくありません。昇進することにガツガツするよりも、どれだけ多くの仲間を助け、仲間からの信頼を集められたのかを誇れるようになれれば、その人物は世界中どこでも通用するでしょう。

変化の激しい業界では、ベテラン課長としてのキャリアにとどまるほうが、部長にまで上りつめてしまうよりもリスクが少ないという考え方もあります。自社が他社に買収されたりして真っ先に「余る」のは部長だからです。経験のない人は、これを大袈裟だと考えるかもしれません。しかし、これは事実です。
さらに部長の人件費は高いですから、他社に買収されたときには格好のリストラの対象にされます。買収時に限らず、コスト削減に動くコンサルタントは、例外なく部長級のポジションを減らす提案をするものです。その点、現場に密着している課長というのは、そうそうリストラされたりはしません。

リストラにあった元部長が、面接で「どのような仕事ができますか？」と聞かれ「部長ができます」と答えたという笑い話がありますが、実際に部長を経験したことがある人がこの話を聞くと、笑うどころかゾッとするものです。

課長の失業はスキル不足が原因ではない

これからの時代は、定年まで今の会社で働けるという前提でキャリアを考えてはなりません。大企業でも倒産することもありますし、外資系資本による買収でリストラされることもあるでしょう。だからといって肩たたきに常に怯えて生きるのはいけません。いつリストラされても良い準備をしておくことが重要です。

それには普段から社外でも通用するスキルを身につけておくというのが定説になっていますが、私はこれとはすこし別の考え方をします。

課長にまでなった人材が職を失うのは、多くの場合が、スキルが足りなかったのではなく、業界の不況が原因です。そうしたときは、同業他社でも同時期にリストラが起こっていることが多く、相当優秀な人材でも、新しい職場を見つけるのは難しいものです。

こうした不況時の失職に対抗する手段というのは「失業準備金」を蓄えておくことしかありません。できれば、2年ぐらいは仕事をしなくとも生活のレベルを極端に落とすことなしに生きていけるぐらいの準備金を持っておくべきでしょう。2年もあれば、世界的な大不況でもまず回復するので、それまでには新しい職場も見つかるという意味で2年です。

失業準備金が足りないと、どうしても不況時の悪い条件で就職しなければならなくなり、条件交渉でも足元を見られてしまいます。また、2年分もの失業準備金があれば、心理的にも「いつリストラにあっても問題ない」という状態で、常に強気な決断ができますし、なにより態度に余裕が生まれます。余裕が感じられる人物というのは、リストラとは無関係な人生を歩めたりするものです。

逆に、なんだかいつも必死な人というのは、多くの物事がなかなかうまくいかないものではないでしょうか。既婚の男性のほうが女性から見ると魅力的に映るのにも、こうした心理的な余裕が関係していると言われています。失業準備金が、実際の失業からあなたを遠ざけてくれることでしょう。

どのみち、昇進や昇格は、どこかで止まります。そして定年退職をしても、働き続けなければならないような時代です。課長止まりと覚悟を決めて、定年後でも通用するスキルを磨いた方が、合理的という考え方も十分できるわけです。

戦略 6
社内改革のリーダーになる

世界が激しく変化しているのですから、自社だけ変化しないでいられるということはありえません。

嫌な言い方ですが、これまで安泰だったブランド企業ほど、今後はあれよあれよのうちに死滅していくことになるでしょう。もともと人間は変化を嫌うものなので、過去の成功体験に縛られている会社はまず変われないからです。

「今までこの方法で成功してきたのに、どうして変えなければならないんだ」となるわけですから、脅しではなく従業員数の多い会社はのきなみ危険です。従業員数の多い企業には、非常に優れたビジネスモデルがあります（多数の従業員を雇えることの背景ですね）。だからこそ逆に、こうした優れたビジネスモデルがない環境では、通用しない人材になってしまう可能性も高いのです。

キャリアを考えるのであれば、仮にそれが**無駄だとわかっていても、それでも自社を変**

える努力をし、社内で改革のリーダー（チェンジ・エージェントと呼ばれる）になるべきです。改革をするということは、まず変化する将来を予測するために勉強をするということですから、少なくとも時代の進む方向には敏感になれます。

自分のやり方を他人によって「変えられる」ことには強く抵抗するのが人間というものです。改革を指揮するためには、そうした人間の「心の力学」を学ばなければなりません。これに精通すれば、世界中どこでも通用する人材になれるでしょう。

改革の旗振り役を経験し、その難しさを肌で理解しておけば、その経験を人材市場は高く買ってくれます。改革に携わっているというだけで自己防衛策にもなりえるわけです。

実際に改革を進めるチームのリーダーになればわかることですが、そうしたチームに喜々として集まってくる人材は、例外なくトゲトゲした優秀な人材です。

優秀な若手というのは、こちらから何かを教える以上に、いろいろな情報を課長のところに持ってきてくれるものです。そんな優秀な人材に囲まれて仕事をすることは、刺激的であることはもちろん、間違いなくキャリアにもプラスとなるでしょう。

家族と過ごす時間が仕事の質を変える

改革を推進するとき、忘れずに参考にしてもらいたいのは子どもたちの意見です。今、世界の進んでいる方向を最も良く感じ取っているのが子どもたちだからです。

一説に、現代社会は、世代間における価値観の相違が、国家間にある文化の相違を上回ったとも言われます。子どもたちは、身近にいる一番理解し難いエイリアンであると同時に、次世代の主役です。さらに（これは私の独断ですが）、時代の変化に敏感で、新しい価値観に柔軟に対応できる人は男性よりも女性に多いようです。

忙しいお父さんこそ、定時退社日などを設けて、家族と過ごす時間を確保することが想像以上に重要であることが、こうした点からも理解できるはずです。

現代は間違いなく、革命的な変化をしている最中にあります。特に科学技術の進歩の速度は上がり続けており、近未来、生成ＡＩの実用化によって、多くの人の仕事が奪われるでしょう。そのように**周りが変化しているのに、自分だけが変化しないというのが一番危険**です。どうせなら、変化に怯える側ではなく、変化をうながす側に立つべきでしょう。

仮にその方向が間違っていたとしても、ジッとその場を動かずに死ぬよりは、せめてせわしなく動いていたほうが良いです。その行動だけが、次に訪れる新しい世界でも少しは役に立つ筋トレになるのですから。

変革に必要な8つのステップ

市場も、顧客も大きく変わってきているのに、自社だけが変われない。同僚と飲みに行けば皆が会社の現状に危機感を持っている。経営陣も「変革を推進できる人材」を声に出して求めている。社員には優秀な人材も少なくない。それなのに何も変わらないまま、企業はまるでタイタニック号のように、静かに沈んでいく……。

企業が大きな変革に成功するケースはとても稀です。ハーバード大学のコッター教授は、そんな企業変革（の失敗）を、100社以上もの事例をもとに分析し、『何故、変革は失敗するのか』という論文にまとめました。やや経営よりの話になりますが、ここでこの論文について述べておきたいです。

まず、企業を大きく変えるためには、強力なリーダーシップと、最低でも数年という長い時間が必要だという「事実」を、経営者が正しく理解することが変革の前提となります。その上で、以下の8つのステップを、スキップせずに、ひとつずつ順番に登っていけとコッター教授は言います。

［ステップ1　大きな危機意識を全社で共有する］

企業変革のケースの半分は、このステップ1で既につまずいています。社内で危機意識を十分に盛り上げてから変革をスタートさせないと、企業は決して変わりません。普段は口では「危機」を語りつつも、実際には現状に満足している従業員もたくさんいるものです。会社が置かれている状況などの「事実」を正しくコミュニケーションすることで、全社で危機感を共有しないとなりません。

［ステップ2　変革プロジェクトを推進する強力なチームを作る］

変革プロジェクトのチームには、社内でも最も影響力のあるエース級の人材が配属されないとなりません。そして来るべき「戦い」に向けて、チームの結束を強めておくことが重要になります。変革の推進には、時に重量級の地位にある人材との対決も必要になりますので、経営トップの変革チームへのコミットメントが強く求められます。

［ステップ3　明確な戦略を作成する］

変革を推進するチームのメンバーが、変革の戦略を5分以内で説明できないのなら、変革はまず失敗するでしょう。客観的に測定可能な目標を掲げ、それを達成するための具体的なプランを立案する必要があります。

［ステップ4　変革の戦略を全社すみずみまで行き渡らせる］

できる限り多くのコミュニケーションの手段を使って、変革の戦略を全社に伝えるようにします。具体的には、変革の「5W1H」を全社員が正しく理解することが必要になります。それを達成するために、社内報やイントラ・ネット、社内の各種会議や社内SNS、掲示板など、ありとあらゆるツールを使って社内のコミュニケーションを活性化します。経営者は、同じ戦略を何度も繰り返す「壊れたレコード」たる必要があります。メッセージというものは、冗長でなければなかなか伝わらないものなのです。

［ステップ5　戦略の推進を妨げる障害を取り除く］

古くなってしまった業務システムなども取り除く必要がありますが、変革にとって最も大きな障害となりえるのは、こうした変革によって不利益をこうむることになる「人間」です。特に、変革によって立場を追われることを恐れている管理職などは変革の妨げになります。経営者は勇気をもってこれを排除しないとなりません。

［ステップ6　変革プロジェクトの早い段階で成果を出す］

変革プロジェクトを疑いの目で見ている従業員を黙らせるためにも、変革プロジェクトがスタートしたら、できる限り早い段階で、誰の目にも明らかな変革の成果を出す必要があります。早々とあがる成果なんて、普通は小さなもの（クイック・ウィンと言います）にすぎないでしょう。しかしそれが変革を推進するチームの士気を高め、全社の変革ムードを刺激します。

［ステップ7　小さな成果を集め、さらに変革を進める］

小さな成果を皆で喜びあうことは重要ですが、早すぎる「勝利宣言」は、せっかく盛り上げた危機意識に冷や水をかけることになり、大変危険です。成果を皆で祝福しつつも、「まだまだ、これからだ！」という雰囲気がないと変革はすぐに止まってしまいます。

［ステップ8　個々の成果に至った流れをルーティン・ワーク化する］

成果が出ても、そうした成果に至った流れを「新しい仕事のやり方」として現場レベルで定着させないと、たった1度限りの成果になってしまいかねません。重要なのは、変革プロジェクトによって生み出された成果よりもむしろ、そうした成果に至るための「道筋」

なのです。変革チームは、そんな「道筋」を、現場のルーティン・ワークに落とし込むところまで、きちんと面倒をみないとなりません。新しいルーティン・ワークの束こそが、新しい企業文化の軸になるのです。

COLUMN

変革はなぜ承認されにくいのか

その大小に関わらず、変革は、他者の承認が得られにくいのが普通です。背後には、スイッチング・コスト（乗り換えるコスト）という概念があります。要するに、慣れ親しんだ物事を、別の物事に変更するには、想像以上にコストがかかるのです。

たとえば、あなたは何度も引越しを考えたことがあるでしょう。そして、何度もそれを諦めたことがあるはずです。たかが引っ越しの意思決定でさえ、簡単なことではありません。引っ越し業者への支払い、新たに必要となる敷金礼金、ご近所との新たな関係構築、家族の説得……。引っ越しをするには、時間的、金銭的、心理的に様々なスイッチング・コストがかかるからです。

組織における変革（広義の業務プロセス変更）の場合、当然ながら、個人の引っ越しよりも大きなスイッチング・コストが発生します。しかし、そうしたスイッチング・コストを飲み込んで初めて、より高い生産性が実現できるのです。

ただ、ここには不都合な真実があります。生産性を向上させるためにこそ、変革が必要

変革と生産性

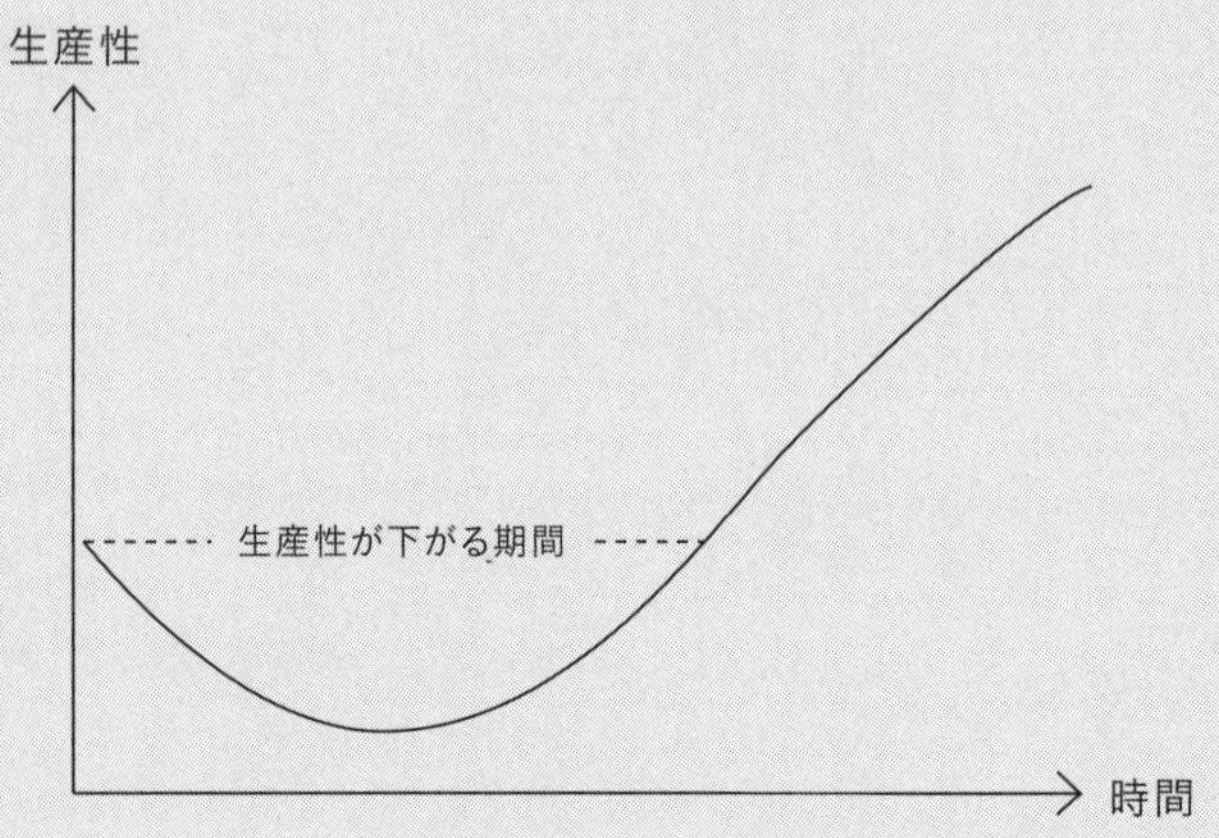

なのです。それにも関わらず、変革を開始してからしばらくは、生産性が変革前よりも低下してしまうのです。上の図をみてください。

こうして、生産性がかえって低下してしまうこと自体も、スイッチング・コストのひとつです。

実際に変革の中にいる人々からは「前のやり方のほうが良かった」、「新しいやり方だとうまくいかない」といった不満が出ます。

困ったことに、変革後に大きな生産性の向上が期待されるような変革であればあるほど、この生産性が下がる期間が長くなったりもします。変革のリーダーは、この期間を乗り越えるために、周囲を勇気づけ、辛抱強く変革を進めていく必要があります。

戦略 7 起業を考えてみる

起業を決意する人が最も多いのは、30代~40代です。さらにアントレプレナー分野の研究成果として、成功しているベンチャー企業の初期の社員数は10名以上であるということが知られています。この、30代~40代で、10名前後の部下を持っているという条件は、課長の条件と大変よく似ています。

私は、日本で起業して成功する人の退職前の役職としては、実は課長が一番多いのではないかと睨んでいます（残念ながらデータが手元にありません）。

実際、課長という立場にある人は、部長や経営者が忘れつつあるようなビジネスの現場感覚を十分に持っていることに加えて、予算管理などの管理職としての仕事を経験しています。**人脈、管理ノウハウ、資金を持っている課長には、起業家として活躍するための素地ができているの**です。

起業に失敗は付き物

起業に際しては、どうしても強調しておかなければならないことがあります。それは「起業はほぼ必ず失敗する」ということです。

統計からしても、事業に成功して株式上場まで行けるのは1000社に2、3社程度であることがわかっています。ほとんどは起業から3年以内に経営破綻します。**起業というのは、初めから失敗することを覚悟した上でのチャレンジ**なのです。

事業がうまくいくまでは、経営者の給与などが支払われないことも普通です。初めの数年は、収入がなくとも生活費に困ることのないように、生活費は最低でも2年分は積み立てておくべきだと思います。先に述べた失業準備金と同じですね。

起業を本気で考えるようになったら、それはギャンブルとして認識してください。ギャンブルには、決して「背水の陣」で臨んではなりません。

ちなみに、驚くほど多くの起業アイデアは、資金不足が理由でボツになります。厳しいことを言えば、社会はこれ以上の起業アイデアを必要としてはいないのです。

社会はアイデアよりも、アイデアを形にするために、無理のない戦略を構築することができて、人を説得することに長けていて、さらに資金を集められる経営者を求めています。

卵が先かニワトリが先かと問われれば、ニワトリ、すなわち資金が先だと即答できます。初期投資の金額だけでなく、ビジネスのランニング・コストなどもしっかりと計算し、それに加えて数年は儲けが出ない、給与もないという状況であっても、底をつかないだけの準備資金が、事業に先立ってどうしても必要です。

ただし、現代は昔と比較すれば、起業のための準備資金が少なくてすむようになっています。特にＩＴ関連であれば、必要になるのは1台のパソコンとインターネット接続ぐらいですから、起業の敷居はかなり低くなっていると言えるでしょう。

さらに、ベンチャーキャピタルなどが日本でも増えてきている関係で、資金調達の難易度が下がっています。難易度が下がっているからと言って、闇雲に資金調達をすべきではありませんが、昔よりも今のほうが、ずっと起業の環境は良くなっていることは付け加えておくべきでしょう。

COLUMN

起業とアイデアの不幸な関係

ベンチャーの成功に欠かせないのは優れた事業のアイデアだという神話があります。

しかしベンチャー事業のアイデアというのは、ベンチャー・キャピタルなど日々投資先を精査しているプロからすれば、相当優れたものでも選びきれないほど存在します。

有名なアントレプレナーの教科書である『ベンチャー創造の理論と戦略』(ダイヤモンド社)では、優れたアイデア100件のうち実際に投資を受けられるのはわずかに1〜3件に過ぎないと述べられています。

アイデアが重要ではないと言うのではありません。ただ、事業における初めのアイデアというのは、それに続く製品やサービスの開発、マーケティング活動と販売、売買契約の精緻化やリスク管理などと比較して、いつも過大評価されがちな危険な「道具」だということを強調したいのです。

さらに、一度あるアイデアが事業化されると、企業内では「俺たちのアイデアだ」という具合に、そのアイデアに対して強烈な所有者意識が生まれてしまったりもします。しかし激しい市場の変化に合わせて事業を変えていくことが求められているようなビジネスの世界にあって、こうしたつまらないアイデアの所有者意識に経営判断が縛られることは、それだけでほとんど、そのベンチャーの失敗を意味していると思います。

ベンチャーの成功を左右するのはアイデアの優劣ではなくて経営者の優劣です。この点を明確にするためによく使われる表現に「Ａクラスのアイデアと Ｂクラスの経営者」の組み合わせは成功しないが、「Ｂクラスのアイデアと Ａクラスの経営者」の組み合わせであれば十分可能性がある、というものがあります。

もちろん経営者を支える人材の優劣が重要であることは論をまちません。ベンチャー経営者にとって「誰をバスに乗せるのか」は企業の行く末を決定づける死活問題です。とはいえ経営者がダメであれば、そのバスに誰が乗ってもダメであることも、悲しいですが事実でしょう。

戦略

8

ビジネス書を読んで学ぶ

ビジネス書を買って読むということは、他人が苦労して得たビジネス上の知識のエッセンスを、非常に安い値段で買うということです。私も実際にビジネス書が大好きで、本棚のスペース確保が追いつかず、泣く泣く捨てざるを得ないほど多量に読みます。

しかし、時代に置いていかれないように、負け組にならないようにと、ただビジネス書を乱読するばかりでは、効果的で意味のある知識の形成はできません。読書に充てることができる時間にも限りがあります。

良書を選んで読む

私にも経験があるのですが、乱読をした後というのは、何かがわかったような高揚感が得られるのですが、なかなか日々の実務には活きてきません。そしていつのまにか、読んだはずの本の内容を忘れてしまいます。

そんな経験をとおして、私は「良さそうな本」を多読するよりも、「良書」を選択的に読むことのほうが重要だと考えるようになりました。

「良さそうな本」というのは、それこそ数え切れないほどあります。

出版もビジネスです。本を良さそうに見せる努力を、出版社に勤務するビジネスパーソンたちが行っているのですから、「良さそうな本」が多くなるのは当然です。だからこそ、直感で読むべきビジネス書を選ぶことはオススメできないのです。

本物の良書とは、実に良薬のようなものです。それは、**多くの先人がその本を読んで、なにか重要なことを得たという「歴史による効果の証明」がなされている本**です。

これは短期的な人気を示すベストセラーとは必ずしも一致しません。その道のプロと呼ばれるような人々の間で高い支持を集め、何度も増刷され、版を重ねていくような本のことです。嬉しいことに、そうした良書自体が、すでに読み切れないほどに存在しています。

そうした良書に出会うためには、宣伝文句や本のタイトル、ベストセラーなのかどうかに惑わされてしまってはいけません。

良書の探し方

職場の先輩や上司、取引先の人に尊敬できるキーマンがいる場合は、当然、そうした人々にオススメの良書を教えてもらうべきです。それがきっかけで、そうしたキーマンとの関係性も構築できるかもしれません。そもそも上司のオススメ本を知らないというだけで、みすみす出世の機会を逃すようなモノでしょう。

その他には、ネット上で、自分に合った書評を書く人のファンになってしまうという方法があります。逆に書評を信頼して買ってはみたものの、ハズレをつかまされた場合は、次回からはその人の書評は信頼すべきではないでしょう。

結局、**最もハズレを減らすために有効な方法というのは「立ち読み」**です。良書と言われるようなものも自分に合っていなければ意味がありません。書店というのは置いておく本のセレクションそれぞれに特色がありますから、どこの書店で立ち読みをするかというのも非常に重要な問題です。

ビジネス書の中には、名著と呼ばれるものをリスト化して個々に紹介するものも少なくありません。こうした「紹介本」に当たってみるのも良いでしょう。

知識と実行を結びつける

さて、仮に自分にピッタリの良書を得たとしても、そうした良書によって知識を得ることには限界があります。

人間は大脳で物事を一つ一つ積み重ねながらロジカルに判断しているだけでなく、蓄積された経験をベースに、小脳による直感的な判断もしています。

この直感的な思考法の代表的な例としては、将棋のプロ棋士が指し手を瞬時に判断するときというのが有名ですが、このような直感的な思考法は、ビジネスパーソンが日々業務に際して重要な決断をしているときにも使われることがあるでしょう。

直感とは、非言語的に物事を理解することです。ですから、いかなる優良なビジネス書も、それが文字として書かれた文章で構成されている限り、大脳によるロジカルな判断には大きな影響を与えることができても、小脳による直感的な思考にはあまり影響を与えることができないという弱点を持っています。

本で得た知識というのは、実際に実行してみることではじめて、直感的な思考法を司る小脳に「経験」として刷り込むことができるのです。ですから、**実際に実行するプロセス**

が付随していない限り、良書が本来持っている力も半減か、それ以下となってしまいます。

良質な旅行ガイドブックは、旅行の計画を立てるのに大変役に立つばかりか、旅行先での経験をより豊かなものとしてくれます。ところが実際に旅行する予定のない場所について書かれた旅行ガイドブックは、仮にその内容が優れていたとしても、あまり意味のないものとなることは疑えません。ビジネス書にも、同じことが言えるのではないでしょうか。

すなわち、**今の自分が実際に実行できないことに関するビジネス書は、たとえそれが良書であっても読む価値はあまり高くはない**ということです。たとえば、実際に自分が他社を買収したりすることがないのであれば、会社買収に関するビジネス書を読んだとしても、それはほとんど意味がないでしょう。

当たり前のことを言っているようですが、マスコミに取り上げられて流行するビジネススキルの変遷を思い出すに、この点は特に強調しておくべきだと感じるのです。

本の読み方の秘訣

最後にひとつ、福田和也名誉教授（慶應義塾大学）のノウハウを紹介します。

本の内容というのは読んでいるときはなんとか覚えているのですが、読み終わると意外とすぐに忘れてしまうものです。そして後になって、実務で問題に直面したときなどに「あれ、これに関連していることが、確かどこかの本の中に書いてあったな」というような形で不完全に思い出すということがあります。

そんなとき、「おそらくこの本ではなかったか」という具合に、探したい記述が書かれていると思われる本を数冊にまで絞り込むことはできるのですが、そこから先に進むのは絶望的なことに思われたりします。

そこでビジネス書を読むときは、**読んでいて特にこれは大切だと印象に残るような記述に出会ったときは、思い切ってそのページの角を三角に折ってしまう**のです。もちろん付箋を付けたり、ペンでアンダーラインを引いたりしても良いのですが、ページを折るというアクションは、付箋やペンが手元になかったりするときにも有効で、とても手軽な手段です。

手軽だからこそ、いつでも大切な所を逃さずに印をつけておくことができます。後でいざ自分が気になった記述を探すようなときは、折れているページだけを選択的にサッと読んでいくだけで、探したかった記述を見つけることができるはずです。

ただしこの折るという方法を取ると、後で古本屋さんに本を引き取ってもらうときに厳しい値段をつけられてしまうことがあるということは覚悟しておいてください。

COLUMN

テレビがダメで読書がアリの本当の理由

人はなぜ、本を読むべきなのでしょうか?

知識や情報を得るため、言葉を学ぶため、教養主義への憧れ、面白いから、役に立つから、魂が求めるから、暗黙知を形式知にできるから――。

しかし、こうした理由は読書の習慣のない人にはまったく響きません。なぜなら、本にはテレビという強烈な代替品があるからです。

テレビにもドキュメンタリー番組を中心として、素晴らしいプログラムが多数あります。魂を洗われるような映画も放映されます。教育番組、教養番組も充実しています。

それでもなお、本にはできるのに、テレビにはできない重要なことがあります。

人は文字を読んでいるとき、自分の経験などに照らして、無意識にも文字を具体的なイメージと結びつけています。

たとえば「本」という字を見たときに、あなたは脳内で、「本のイメージ」を思い浮かべているはずです。それは本屋さんや図書館にある本のイメージかもしれませんし、自宅の本棚にある本のイメージかもしれません。自分にとって特別な本のイメージかもしれません。

本を読むということは、そこに書かれている多くの文字情報を、脳内でこうした具体的なイメージ情報に変換するという膨大な作業なのです。

イメージ情報というのは普通、静止画や動画です。デジカメを扱ったことがあれば経験からもわかることですが、イメージ情報は文字情報に比べて圧倒的にデータのサイズが大きいものです。

著者がギュッと「圧縮」して生み出した文字情報の集まり——それが本です。そして本を読むということは、そうして圧縮された文字情報を、みずみずしいイメージとして「解凍」することです。

これは言ってみればカラカラに乾燥された干し椎茸を、水にひたして元の状態に「戻す」ようなことです。「戻す」とは言っても、干し椎茸の場合は冷水に長時間ひたしたり、砂糖を加えたぬるま湯に短めにひたしたりと、料理人によって異なる多くのノウハウがあります。同様に、圧縮されている情報を解凍する（戻す）ということは決して簡単なことではなく、それにはどうしてもトレーニングが必要になってきます。

文章を読み書きする能力は、本能ではないことを思い出してください。そもそも文字は、紀元前3200年頃の西アジアで「発明」されたものです。せいぜい5000年程度の歴史しかないのが、文章を読み書きする能力なのです。本能ではないことは、トレーニングによってしか得られません。

文字情報として圧縮された情報を解凍する能力を身につければ、テレビと比較しても圧倒的に優位な情報の世界が開けます。

情報化社会においては、1冊にテレビ数年分の内容を圧縮させることが可能な本というメディアを、ものの数時間で読解できる人間が競争に有利となることは明らかです。

さらに読解力は、その場で五感を総動員して取得した生の情報を、数行の文章として圧縮する能力ある「表現力」とコインの表裏の関係にあります。実はこの表現力こそが、重要なことをより多く記憶し、効率的なコミュニケーションをするために必要な能力です。

たとえば2時間の会議の内容を議事録にまとめる場合、上手な人が書くと2時間の話が見事に数行に収まり、それで必要な情報が十分に伝わります。その数行に含まれない情報には、重要なこともあるでしょう。しかし、関係者全員が2時間の会議に出席していては他の仕事が進みません。

議事録には、テレビのドキュメンタリー番組のような詳細さよりも、むしろ余計な情報は省かれ、要点だけ抽出されていることが求められます。また、現代ではビジネスの多くが、メールによりなされるようになったのですから、表現力がこれまで以上に重要な能力になったことは疑えません。

高度に圧縮された文章は保存のスペースもあまり必要ありません。動画よりも静止画、静止画よりも文章のほうが情報サイズが圧倒的に小さくなり、コミュニケーションに有利であるばかりか、記憶のしやすさという面でも優れたものになります。

贅肉の削がれた重要な情報を多く記憶する「引き出しが豊かな人材」は、変化の激しい時代にあってもたくましく生きていけるはずです。

表現力というのは、読解力があって初めて養われるものであることは、上手な絵を描く人が、たくさんの絵を観ることから生まれるのと同じです。良質な文章に多く触れることが、表現力の育成につながるのです。確かにネットでも多くの文章を読むことができますが、その質という面では、今のところはまだ本に分があります。

テレビが提供する情報の特徴は、それがイメージ情報であり、提供される情報にほとんど圧縮がかけられていないということです。また、こうしたイメージ情報を理解する能力は、目を持っている生物の本能です。だからこそ、テレビは読解力が鍛えられていない小さな子どもでも楽しめるのです。

本にはできるのに、テレビにはできない重要なこと――、それは文字情報に圧縮された情報を解凍するための優れたトレーニングを提供することに他なりません。

脳内に情報の圧縮、解凍ソフトウェアを組み込み、それを絶え間なくバージョンアップさせていくという作業が、読書のユニークな本質なのではないでしょうか。

ところで、干し椎茸というのは、乾燥によって旨味が濃縮されて、生の椎茸よりも味も香りも増すのだそうです。

［本章のポイント］

課長の次のキャリアを考えるには？

今までのキャリアを振り返り、自分の負けパターンを洗い出しておく。「怒りの感情のコントロール」と「自分の理解の過大評価」は要注意である。

英語はこれからのビジネスの必需品。会話はブロークン・イングリッシュで十分。毎日、一定の時間をとって地道なトレーニングを続けるようにしたい。

「弱い絆」のネットワークは、幅広い視点を得るために非常に有益。接点のない人や異分野の人との交流をしておくとキャリア戦略上も役に立つ。

部長を目指すなら、自分の課を部に成長させるのが正攻法。「定年間近の部長の下につく」、「花形部署への異動」などの方法もありえる。

格好のリストラの対象である部長には、あえてならないという選択もある。
昇進をあきらめることで発想が自由になったり、信頼が高まって昇進することもある。

不況時の失業に備えて、2年分程度の準備金を用意しておくと良い。
心理的な余裕ができ、強気な決断ができるというメリットもある。

改革の進まない会社では、たとえ無駄だとしても改革のリーダーとなるべきである。
改革の難しさを肌で感じ、人材市場で高く評価される経験が積めるだろう。

現場感覚と管理職としての経験を兼ね備えた課長は、起業家の素質は十分である。
ただし多くの起業は3年以内に経営破綻する。十分な準備と覚悟が必要である。

ビジネス書は乱読するのではなく、良書を選んで読むべきである。
役立つ良書とはプロの間で支持され、版を重ねていくような本である。

第6章

人類史上かつてない高齢化を乗り越えるために

私くらいの年齢になると、自分が愛されたいと望んでいる人々のうち、何人が本当に自分を愛しているかで人生の成功を計るようになります。

―― ウォーレン・バフェット（投資家）

日本は、人類史上かつてないレベルで高齢化しています。

これは、大袈裟な話ではありません。日本全体の平均年齢は48歳程度です（中央値もほぼ同じ）。人類社会がここまで高齢化したことは、過去1度もありません。それだけに、今後の日本では、人類がかつて見たことのない社会が出現してきます。

超高齢社会となる日本には、これから様々な社会課題が生まれます。同時に、この課題解決は、日本以外の世界の発展にとっても非常に重要なものです。世界のゲーム市場（約26兆円）の3倍という巨大な市場（約77兆円）が、日本国内だけで立ち上がってくるのです。

この第3版で新たに追加した本章では、この高齢化を、私たちがどのように乗り越えていくべきか、3つの視点から考えてみます。

視点1

介護が企業の生産性を破壊する

今後の日本では、ビジネスパーソンの3～5割が、親の介護に苦しむことになります。数字の間違いではありません。3～5割です。こうして、仕事と介護の両立を迫られる人（ビジネスケアラーと言います）の生産性は、平均で27・5％も低下するのです（経産省による調査／サンプルサイズ2100人）。

日本における高齢者（65歳以上）の数は、ピーク（3878万人）となる2042年までは増え続けます。数としてはピークを過ぎても、子どもの数も減っていくため、割合のピークはもっと後ろになります。特に75歳以上の高齢者が全人口に占める割合のピークは2055年（25％以上）となります。それまで、この課題が根本的に解決されることはありません。

子どもの数が減っているため、現役のビジネスパーソンの数も減り続けます。そうなると、**1人あたりのビジネスパーソンにかかる介護の負担（税金や社会保険料などの負担を含む）**

は、2055年ごろまでは増え続けるのです。今の日本は、まだその入り口に立ったばかりです。

親の介護に対する基本的な方針

まず、この問題に対処するための個人レベルでの基本方針を理解してください。あなた自身がビジネスケアラーにならなくても、部下がビジネスケアラーになる可能性は極限まで高まっています。それを放置すれば、部署の生産性がかなりの程度、低下してしまいます。そしてビジネスケアラーの約8割は、介護の相談を、上司にすることがわかっているのです（ビジネスケアラー支援ツール「LCAT」のデータ分析より）。

課長としても、ここで間違うと、自分自身や部下の多くが、ビジネスケアラーとして仕事と介護の両立をすることに失敗すると認識してください。両立に失敗すれば、介護の負担に耐えられる人は少数です。特に、お金の問題に直面することになり、場合によっては、生活保護を受けることになります。

［基本方針❶　地域包括支援センターを頼る］

「最近、親の元気がなくなってきた」、「買い物などを、自分でこなせなくなった」、「自宅でよく転んでいるようだ」といった具合に、介護の初期症状は、意外なほど些細なものです。

こうした初期症状に出会った場合、様子見をしてはなりません。必ずとまでは言いませんが、**高齢者の抱える課題に対して様子見をすることは、状況の悪化を意味する**からです。早期対応に失敗すると、その後の負担が雪だるま式に増えてしまいます。時間的にも、金銭的にもです。

そこで、他の何を知らなくても、これだけは知っておいてもらいたいのが地域包括支援センターの存在です。地域包括支援センターとは――

(1) 住所ごとに管轄が決まっている、高齢者を総合的に支援する公的な機関
(2) 主任ケアマネジャー、看護師・保健師、社会福祉士などの専門家がいる
(3) 日常生活での困りごとや、介護・福祉・健康づくりに関する相談を受け付けてくれる

――ところです。

この地域包括支援センターは、「ちょっと、おかしいかな?」と思えば、要介護認定を受

けていなくても、相談することが可能です。親がヘルパーなどの他人による介護を嫌がっており、そもそも要介護認定もできないという場合でも、そうしたことから相談できるのが地域包括支援センターです。本格的な介護が始まってからも、受けている介護に関する不満なども相談できます。

介護の多くは、長期化します(私の場合は、母の介護を33年行っています)。介護サービスの中身は、介護対象者の健康状態の悪化などにより、頻繁に変化します。これに対して、管轄の地域包括支援センターは、引越しをしない限り絶対に変化しません。

まずは、どこの地域包括支援センターが、自分の親などの介護対象者の暮らしている住所を管轄しているのか、それを知ることから始めてください。自治体の窓口などに電話をすれば、教えてもらえます。

[基本方針❷ 身体介護には、可能な限り手を出さない]

お風呂の世話、トイレの世話、食事の世話、これら3つを合わせて身体介護と言います。

過去、高齢者の数が少なく、現役世代の数が多かった時代には、こうした身体介護は、家族(多くの場合、専業主婦)が行っていました。しかし、これからの時代は、複数人を相手にすることも多い身体介護を、家族だけで行うことは、ほぼ不可能です。

実際のデータでも、**身体介護に直接手を出しているビジネスケアラーは、身体介護をヘルパーなどの介護のプロに任せているビジネスケアラーの4倍以上、介護離職をする可能性が高くなる**のです。

「親が要介護になったら、老人ホームに入ってもらわないと無理」という考えは正しくありません。身体介護に対して、直接手を出さず、ヘルパーなどの介護のプロに任せれば、両立できる可能性が高まります。

介護保険が適用されるヘルパーだけでなく、保険が適用されない家事代行サービスなどを組み合わせてください。今後はさらに、こうした保険外のサービスが増えていきます。そうしたところにもアンテナを張って、身体介護からは距離を置くようにしてください。

［基本方針❸　専門家に相談しないで、勝手に決めない］

ほどんどの人は、介護サービスに関する基本的な知識（エイジング・リテラシー）を持っていません。知識がない人は、どうしても選択肢が狭くなり、適切な意思決定ができません。

たとえば、**介護離職してしまう人の約半数（47・8％）は、誰にも相談しないまま、介護離職をしている**ことが明らかとなっています。この中の多くは、地域包括支援センターに早期に相談していれば、避けられたのではないかと思います。

今後は、企業によるビジネスケアラー支援も増えていくので、とにかく、不安があれば早めに専門家や専門の部署に相談するようにしてください。不安をそのままにしての様子見は、長期的には介護離職につながっていきます。

現実によくある話として、親を老人ホームに入居させたところ、想像以上に元気になって長生きをした結果、家計が破綻してしまうことがあります（10年も入所していると、3000万円以上かかることも）。

繰り返しになりますが、実際の介護には、様々な選択肢があります。まずは、自分の担っている介護には、どのような選択肢があるのか、常にセカンド・オピニオンを得ていく態度が重要です。ビジネスでも同じことですが「これしかない」と思ったときこそ、危険なのです。

究極的には、身寄りのない高齢者であっても、介護を受けながら笑顔で暮らしているという事実を思い出してください。あなたがいなければ、他に誰も介護を担ってくれる人がいないというのは、必ずしも正しくないのです。

将来の介護負担を下げるのは、今のあなたの暖かい行動

身体介護をヘルパーなどのプロにお願いするとしたら、あなたの役割はなんでしょう。まずは、介護全体のマネジメントを行うこと（直接、手は出さないこと）です。では、育ての恩がある（そうでない人もいるでしょうが）親の介護に対して、子どもとしてできることはないのでしょうか。

今のあなたにできる**最良の介護予防（もしくは介護状態の悪化予防）とは、親が少しでも元気に暮らせるよう、積極的に関わること**です。具体的には、一緒に食事に行ったり、ビデオチャットをしたり、写真アルバムの整理をしたりといったことです。親子であることをお互いに喜び合えるような経験を共有することが、非常に大事です。

定年退職をしている高齢者の場合は、特に、社会的なつながりが失われがちです。さらに健康状態まで悪化していると、この傾向が強くなります。高齢で、活動量も減りがちな親に対して、少しでも暖かく接していくことが、家族にできる最良の介護予防なのです。

喫煙や肥満よりも、孤独は健康に悪いことがわかっています。親を孤独にしておけば、介護はすぐに始まりますし、状態はどんどん悪化してしまいます。どこの親子にも、一筋縄ではいかない確執があるものです。そうした確執のすべては忘れることはできなくても、結局のところ、今のあなたの暖かい行動が、介護の負担を軽くするのです。

こうした仕事と介護の両立（ビジネスケアラー支援）について、より詳しく理解したい読者は、拙著『ビジネスケアラー　働きながら親の介護をする人たち』（ディスカヴァー携書）も参照してください。

視点

2

日本最後の成長産業としての高齢者市場

介護に限らず、高齢者が生きていくための支援サービスの市場は、2025年の時点で約33兆円です。これが2050年には約77兆円になると、経産省が予想しています。これは、公的な介護保険内のサービスを除外した数字です。

現時点での、世界のグローバルなゲーム市場が約26兆円です。**日本の高齢者向けの支援サービス市場は、現時点でも世界のゲーム市場よりも大きく、2050年には、その3倍に膨らむ**というのです。

ターゲットとする顧客で考えた場合、この市場は、日本最後の成長産業とも言われています。「いやいや、インバウンドがあるではないか」という声が聞こえてきそうです。しかし、現在でさえオーバーツーリズムが問題となっているインバウンド市場は、せいぜい、5兆円程度の国内市場規模しかありません。

今後の日本では、好きか嫌いかに関わらず、ほとんどの人が、この市場と関わりを持つことになるでしょう。それが、人類史上かつてない高齢化を経験している、私たちのチャンスでもあります（世界の先進国の多くは、日本から20年以上は高齢化が遅れている）。この市場で勝つことができれば、日本の新たなる輸出産業も構築できます。

高齢者むけの商品開発で、特に注意すべきこと

今後、高齢者むけの商品開発が、どこの企業でも重要になってくると考えられます。その時に、どうしても必要となる原則を3つ、以下にまとめておきたいと思います。

［原則❶　必ず高齢者を巻き込む］

この市場における失敗には、共通していることがあります。それは、商品開発の段階で、高齢者を十分に巻き込めていないということです。

ちょっと考えればわかることなのですが、あなたの商品開発チームには高齢者がいません。要するに、当事者がメンバーに不在であることが、高齢者むけの商品開発の特徴なのです。

顧客を理解することは、いかなる事業においても必須とされていることは、誰もが知っ

ているでしょう。それにも関わらず、多くの企業が、解像度の低い仮説や予想を前提として商品開発を行い、失敗しています。

商品企画など、特に、事業開発の最上流のところから間違っているケースも散見されます。上流工程での失敗は、下流工程で解消することは（ほぼ）不可能なことは、ビジネスパーソンの常識ではないでしょうか。

とにかく上流工程では特に注意して高齢者を巻き込むことを意識してください。しっかりとした市場調査やユーザーヒアリングを繰り返して、優れた商品の開発を行ってもらいたいです。

［原則❷　高齢者の潜在顧客はより細かく分類し、代理購買も意識する］

この宇宙のすべての物事は、時間とともに複雑化する傾向を持っています（エントロピー増大の法則）。人間の人生も、赤ちゃんだったころと比較して、高齢者になれば、それぞれの違い（分散）も大きくなります。まず、主観的な年齢（実年齢よりも若くなり、大きくばらつく傾向がある）と客観的な年齢（実際に何歳かであるか、医学的な健康状態からの年齢にも違いがある）は区別して考える必要があります。

年齢だけでなく健康状態別、資産別、地域別、家族形態別、日用品を購入するスーパーなどからの距離別、運転免許のあるなしなど、挙げたらキリがありません。とにかく、こうした分類のメッシュは、子どもや現役世代よりも、ずっと細かく設定しないと、判断を間違えます。

商品購買の意思決定や、実際の購買行動において、高齢者の場合は、家族やヘルパーなどの他者が関与する割合が大きくなることにも注意してください。極端には、認知症になった親の購買行動には、本人はほとんど関わりません。認知症でなくとも、足腰が弱ってきた親の購買行動には代理購買が発生しやすくなります。誰に対して商品を訴求させるのか、ここを考えることは、かなり重要な要素となるでしょう。

［原則❸　わかりやすくて大きい課題に注目しすぎない］

日本では、安宅和人教授（慶應義塾大学）による名著『イシューから始めよ』（英治出版）の影響が大きすぎるのかもしれません。高齢者むけの商品開発においても「弱っている足腰の筋力を回復させる」「免許返納後の移動を助ける」「買い物難民を減らす」といった、わかりやすくて大きな課題の設定がなされることが非常に多くなります。

そうした解決すべき課題の設定は、それらが紛れもなく大きな社会課題であるが故に、容易です。もちろん、これらの課題は重要です。ただ、重要だとわかりきっているだけに、実際の高齢者の置かれている状況をよく調べないで、商品開発のターゲットとされてしまうことがあります。

「弱っている足腰の筋力を回復させる」、「免許返納後の移動を助ける」、「買い物難民を減らす」といった大きな課題を解決することは、非常に重要です。ただ、例えば「弱っている足腰の筋力」をなんとかするとしても、その原因は様々です。これらをひとまとめにするような分類は、事業の立ち上げとして利用するには雑すぎます。

メッシュをより細かくすれば、特定の疾患が原因だったり、歩いて行きたい場所がないことが原因だったり、転びやすくなって歩くことが怖くなったことが原因だったり、その背景にある課題は千差万別なのです。

そうして、**より解像度を高くして課題を深掘りしてみると、案外、市場規模は小さかったりします**。あなたが勤務する会社の規模にもよりますが、小さな市場に参入すれば、売上も小さくなりがちです。売上の小さい部署には、予算がつきません。そうなると、せっかく良い商品を作ったとしても、成功とは程遠い結果になりかねないのです。

視点

3 みんなで年齢差別を突破する

無意識バイアス（無意識の偏見）に注目が集まっています。大概は、女性の活躍推進の文脈で使われることが多いようです。ジェンダーギャップ指数（女性であることが不利になりやすいかどうか）をみると、日本は146カ国中125位（2023年）と、ひどい状態にあります。この課題の原因は、女性に対する社会的な偏見、すなわち無意識バイアスにあります。

女性に対する無意識の偏見は、非常に大きな社会問題です。ものすごい勢いで現役世代が減少し、人材不足による倒産が増加している中、女性の活躍がなければ、社会が成り立ちません。その意識を持って、読者が所属している会社でも、女性の管理職登用などが進んでいることでしょう。

さて、女性に対する無意識バイアスも問題なのですが、それ以上に大きいとされる無意識バイアスがあります。それは、年齢に対する無意識バイアスです。より端的に言うと、根深い高齢者差別の存在です。

老いることは、悪いことなのか？

アンチエイジングという言葉は、とても残酷です。誰もが自分が老いていくことを恐怖し、それに少しでもあらがおうとします。それが普通のことだからこそ、アンチエイジングという言葉が、すんなりと社会に受け入れられているのかもしれません。

では、アンチエイジングなら許せても、アンチ女性、アンチ男性、アンチ日本人と言われたら、どうでしょう。それらは、はっきりと差別として認識されるのではないでしょうか。私たちは、特定の人々を属性によって差別することはいけないと、散々、歴史から学んできたはずです。なぜ、老いること（高齢者になること）だけが、差別されても許されているのでしょう。

よくよく考えてみると、定年退職も、ある年齢になったら合法的に解雇できる、年齢差別的な制度とみなすこともできます。高齢者自身も「年相応」といった言葉で自分自身の可能性を閉じてしまいます。言及するまでもないですが「老害」というのも、まあひどい言葉です。

人類史上かつてない高齢化が進んでいる日本において、こうした年齢差別は、大多数の人々を苦しめることになります。自分自身も、必ず老いていくのです。そうした自分の未来を、自分でダメにしてしまうような流れに、私たちの多くは、積極的に関与していると は言えないでしょうか。

良くも悪くも、今後の日本では、定年退職後も働き続けることが常識になっていきます。生涯現役社会となることを覚悟するしかない状況にあって、高齢者が不当に扱われるような社会を維持することは、決して合理的ではありません。あなたも、課長として頑張って獲得したスキルが、年齢を理由として無価値になるとは思いたくないでしょう。

無意識バイアスを自覚する

消防士であれば、筋肉質の男性？ 看護師であれば、若い女性？ 社長は、貫禄のある男性？ そんなことはありません。しかし、私たちは、こうした無意識バイアスを確実に持っています。そして残念なことに、無意識バイアスは、消去することができないのです。

高齢者は受け答えが遅く、頑固で、考え方が古く、腰が曲がっている？ これも無意識バイアスです。しかも、アンチエイジングというくらいですから、高齢者に関する無意識バイアスの多くはネガティブなものでしょう。

管理職560人を対象とした、年齢に関する無意識バイアスの調査では、78%の管理職に年齢バイアスが存在することがわかっています。また、シニアより若者に対して良い印象を持つバイアスは管理職の70%にもなっているのです（無意識バイアスの学習ツール「ANGLE」のデータ分析より）。

大切なのは、**自分自身の中には、消去できない無意識バイアスが存在することを、まず自覚する（メタ認知する）**ことです。その上で、特定の人材を評価するとき、相手の年齢や性別ではなく、できる限り客観的なデータからそれを行う必要があります。自分の中にも拭えない偏見があるからこそ、それを超越したところで意思決定をしないと、重要な意思決定を間違ってしまうからです。

今後の日本は、女性に対する差別はもちろん、年齢に対する差別も乗り越えていかない限り、ただどこまでも沈んでいくだけです。逆から読めば、女性差別や年齢差別を乗り越えていくことだけが、今後の日本における希望となるでしょう。

［本章のポイント］

高齢化を乗り越えるために

ビジネスパーソンにかかる介護の負担は増え続ける。
今後、3～5割のビジネスパーソンが親の介護に迫られる。

高齢者の課題に対して様子見することは、状況悪化を意味する。
初期症状に気づいたら、地域包括支援センターに相談する。

親の身体介護はできる限り介護のプロに頼る。
身体介護に手を出すと介護離職の可能性が高くなる。

介護離職を考える前に早めに専門家に相談する。
介護にはどんな選択肢があるのか、セカンドオピニオンを得る。

最良の介護予防は、親に積極的に関わること。
親子であることを喜び合えるような経験を共有する。

高齢者市場は日本最後の成長産業となる。
高齢者向け商品開発には必ず高齢者を巻き込む。

高齢者の潜在顧客はより細かく分類し、代理購買も意識する。
大きな課題は深掘りすると、市場規模が小さなことがある。

自分の中の高齢者に対する無意識バイアスを自覚する。
偏見を超越しないと、重症な意思決定を間違える可能性が高い。

第7章

活躍する課長が備えている5つの機能

太陽が雨の役目を果たそうとするだろうか。

―― マルクス・アウレリアス(16代ローマ皇帝)

この章では、組織の中で、課長に期待される「機能」を5つご紹介します。

前章まで、人間は「機能」ではないという論を展開してきました。それは、自分が部下を「機能」として扱ってはならないということです。他者は、あなたの道具ではなく、尊厳を持った人間です。

しかし、自分のことを客観的に考える場合は、むしろ逆に、情緒的な部分はそぎ落としてでも、厳しく「機能」として評価すべきです。自らは、この社会をより良い場所にするための材料（人材）であるべきだからです。

本章では、組織論的な視点から課長の「機能」について考え、それらを新たに「課長アセスメント」として、誰でも採点しやすいコンピテンシーのリストとしてまとめました。先の第1章から第6章で扱ってきた話題を、実務で使いやすいように整えたものと考えていただいて結構です。ぜひ、自己評価に活用してください。

課長の５つの「機能」

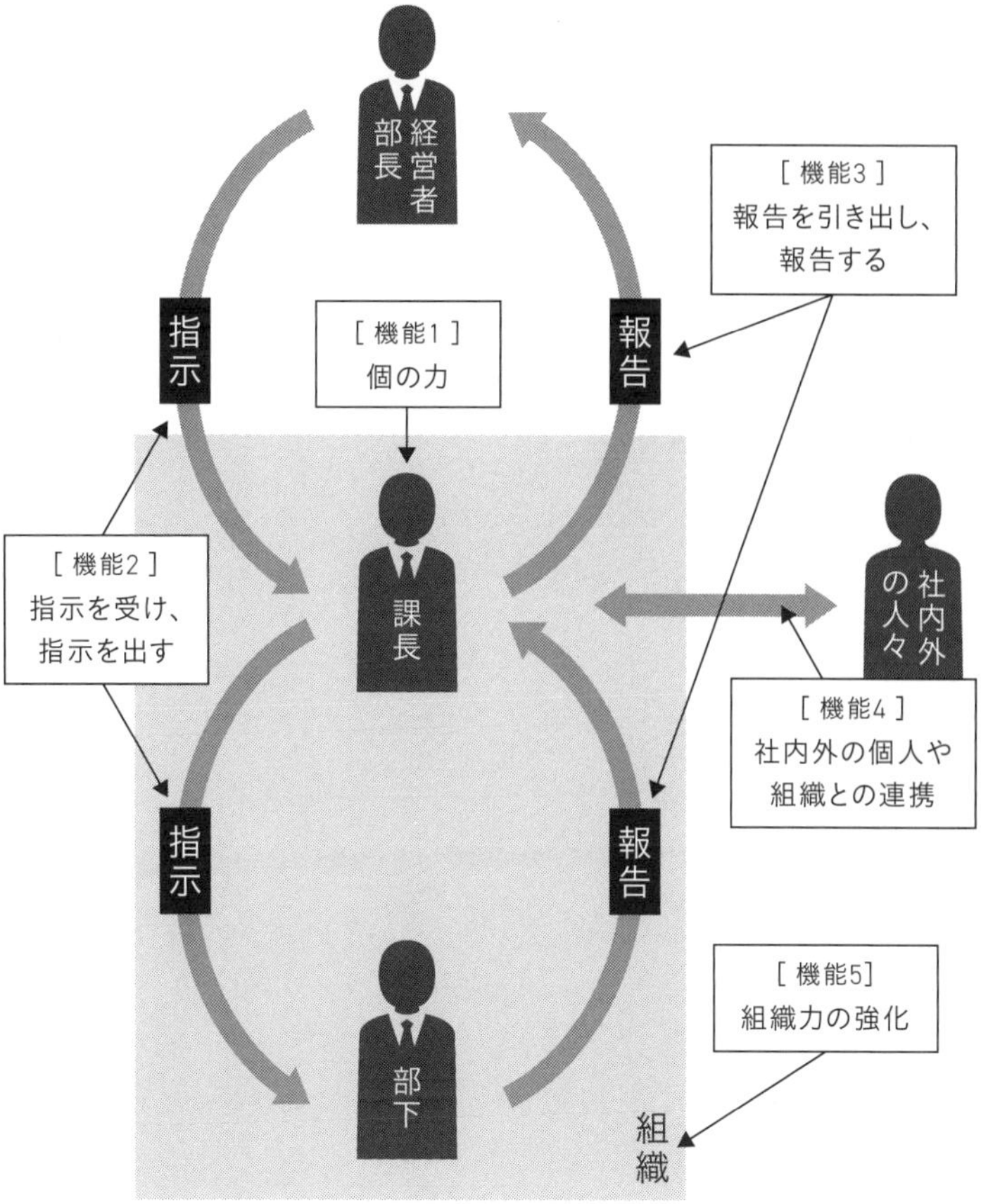
経営者
部長
指示
報告
［機能3］
報告を引き出し、
報告する
［機能1］
個の力
課長
［機能2］
指示を受け、
指示を出す
社内外の人々
［機能4］
社内外の個人や
組織との連携
指示
報告
部下
［機能5］
組織力の強化
組織

機能1——組織長としての正当性＝個の力

まず、課長は個人として（1）人望があり（2）知識と経験を有していないと、組織長としての正当性を周囲に示すことができません。

組織長として周囲をひきつけるための「高い人望」が形成されているかどうかは、次の3つの項目によって評価することができます。

［課長の条件❶］

現状（is）ばかりでなく、どうあるべきか（should）についてのビジョンを持っている

目先の問題の火消しにばかりとらわれてはなりません。

本来であれば、自分たちはどうあらねばならないのかについて、しっかりとした考えを持ち、それをビジョンとして部下に示すことができなければなりません。

［課長の条件❷］

自分の責任範囲を超えて、全体のために「善いこと」をする気力に充実している

自分の部署さえ良ければそれでいいということにはなりません。組織全体のことはもちろん、私たちの生きるこの社会と、将来の社会を担う子どもたちに対して「善いこと」を行おうとする気力に充実している必要があります。

［課長の条件❸］

他の皆があきらめるような最悪な状況でも、ポジティブに笑顔で前進することができる

最悪な状況というのは、誰にでも訪れます。私たち人間は、そのとき、あきらめるのか、それとも戦うのかを決める自由を持っています。

神話、映画や小説という形で世界中に存在する「物語」は、どれもが主人公がそうした最悪の状況において、あきらめることなく、それを乗り越え、成長していくというものばかりであることを思い出してください。

＊＊＊

次に、組織長として周囲から認められるだけの「十分な知識と経験」を担保するということは、次の3つの項目によって評価することができます。

［課長の条件❹］

問題が発生したら、いきなり我流でこなそうとせず、まずは先人の知恵を参照する

あなたが目にしている問題は、人類史上はじめて発生している問題であることはまずありえません。

その問題には、先人たちが残してきた数多くの対処方法が「書籍」という形で残されています。そこから学びつつ、必要に応じて、独自の対処方法を考えていきましょう。

［課長の条件❺］

少なくとも2つの分野において、組織内では専門家と言えるレベルにある

なにかひとつの分野について専門性を持つことは、ビジネスパーソンとして生き残るための最低条件です。しかし、ひとつの専門分野では、必ず、自分を上回る専門知識を持った人材が現れてきます。

そこで、少なくとも2つの分野について専門性を高め、それらの「組み合わせ」によって、ユニークな地位を築いておけば、組織内において代替のきかない人材として認知されやすくなります。

[課長の条件❻]
数多くの挫折や修羅場を乗り越え、他人に認められる成功体験を経てきた

組織長である正当性は、なによりも実績によって示されるべきです。そして、修羅場から逃げないという、組織内における信頼が必要です。

気にすべきは、実績によってのみ長期的に積み上がる「評判」であり、人事査定によって示される短期的な「評価」ではありません。

課長アセスメント

「個の力」のコンピテンシーリスト

問題文：あなたのリーダー像にいちばん近いのは、A〜Iのどれですか？

A　「リーダーとしてやりたいこと」が、パッと浮かばない。細かい判断も自分の上司を頼りがち。——自分として今の組織で実現したいことのビジョンがない。困難なミッションはできるだけ回避し、意思決定の多くを上司に委ねてしまう。反対する上司を説得してでも遂行したいと思う独自の企画を持たない。**〈マイナス4点〉**

B　AとCの間。**〈マイナス3点〉**

C　自分のチームは自分の思い通りに動かしていきたい。そのためにも上司との意思疎通は欠かしていない。——上司とは異なる意見であっても、自分の考えをしっかりと表明し、自分の責任で動かしているプロジェクトや業務に関しては、日常的に管理監督されなくても、リーダーとして推進できている。自分で考えた企画を、頻繁に上司に相談している。**〈マイナス2点〉**

D　CとEの間。**〈マイナス1点〉**

E　**自分のチームを思い通りに動かせている。そのために上司をはじめとした周囲からの信頼が獲得できている。**――自分の考えを印象深く上手に表現し、部下のみならず上司や他部署の人材も巻き込みながら、周囲の期待を集める企画やプロジェクトを、リーダーとして推進している。反論があるときは、ありがたくそれを受け入れつつ、自分の考えや行動を変化させる材料として活用できている。**〈0点〉**

F　EとGの間。**〈1点〉**

G　**大きなプロジェクトを任されており、実績も出せている。**――難易度が高いプロジェクトや業務を推進する中で、自分の能力や経験が、そうした難易度を突破するのに十分であることを直接・間接に表明し「あの人がリーダーならば大丈夫」と、周囲の不安を払拭することができている。反論も積極的に求めながら、大きな実績を残せている。〈2点〉

H　GとIの間。〈3点〉

I　**組織内で政治的な対立が生じたときは、自分が収拾させることが多い。**――リーダーとしての自信を、スキルや大きな実績によって正当化している。政治的に意見が対立する場面においては、自分の立場と責任を持ち出し、具体的な進捗や成果によって相手の意見を無効化している。政治的な対立があっても、相手とは良好な人間関係が維持されている。〈4点〉

機能2 指示を受け、指示を出す ＝経営情報の翻訳

経営者や部長の直属の部下として「指示を正しく理解」するために求められるスキルは、次の3つの項目によって評価することができます。

［課長の条件❼］

多種多様な仕事の経験を通して、組織の仕組みに精通している

組織の仕組みに精通していることで、指示を受けてから、その仕事を完了するために必要となる作業量を正確に見積もることが可能になります。これができて初めて「いつまでに」仕事が終わるのかを、指示を受けた時点で約束することができます。

［課長の条件❽］
ビジネス一般（マーケティング、会計、IT、グローバル）について、十分な教養を持っている

経営層による指示は、効率的なコミュニケーションを実現するためのビジネスにおける専門用語でできているのが普通です。正しいビジネス用語を用いることで、コミュニケーション効率を高めるためです。

このとき、指示を受ける課長が、そうしたビジネス用語に通じていなければ、指示の意味を正しく理解することができなくなります。

［課長の条件❾］
全社レベルで、物事のプライオリティーを理解することができる

経営のプライオリティー（優先順位）は、ビジネス環境の変化に従って、日々変化します。一般従業員は、こうしたプライオリティーの変化にイライラするものですが、昨日は重要だったことが、今日には重要でなくなるようなことは、ビジネスにおいては日常茶飯事で

す。

日々変化する、組織上層部が考えるプライオリティーの状態を理解しておくことは、課長としても、自らの仕事の優先順位を考える上で重要なことです。

＊＊＊

能力、経験やモチベーションがバラバラな部下へ「適切な指示を出す」ためのスキルは、次の3つの項目によって評価することができます。

［課長の条件⑩］
目的を達成するためのタスクを、ロジカルに分解することができる

かつてデカルト（哲学者／数学者）は「困難は分割せよ」と述べました。

たとえば「売上を2倍にする」ということであれば、（1）顧客単価を上げる（2）新規顧客を獲得する、という2つの方法しかありません。

顧客単価を上げるには（1－1）「いっしょにポテトはいかがですか？」という具合に関連商品を提案する（1－2）同じ分野でも高級な商品を提案する、という2つの方法しかありません。

このようにして分割を繰り返していけば、いかなる困難であっても、対処できることが見えてきます。より詳しくは拙著『新版これからの思考の教科書』（光文社）も参照ください。

［課長の条件⓫］
指示を出す相手に、適切な「粒度」で指示を出すことができる

ベテランの部下には「売上を2倍にしてください」という「粒度」の大きな指示でよい仕事であっても、新人には同じ「粒度」では通りません。

新人に対しては、たとえば「関連する商品をオプションとして顧客に提案するための方法と売上予測を考えてみて」といった、より具体的で「粒度」の細かい指示が必要になるでしょう。

このように、指示を出す相手の職務能力に応じて、指示は適切な「粒度」を持っていなければなりません。

［課長の条件⑫］

押しつけにならず、部下も納得する形で指示を出すことができる

誰でも「やらされ感」がある仕事にはモチベーションが持てません。逆に、自ら「やる」と決めた仕事であれば、モチベーションが変わってくるでしょう。

このときに必要になるのは、指示だけでなく、なぜ、その仕事が重要なのかといった、指示の背景（仕事の目的）について、しっかりと部下に伝えてやることです。

このケースに限らず、課長として常に大切な仕事は、部下との「目的のコミュニケーション」です。自分たちの仕事には社会的な意義があるということを、語り継がなければなりません。

課長アセスメント

「経営情報の翻訳」のコンピテンシーリスト

問題文：経営層（上司）と現場（部下）。両者のパイプ役としてのあなたに近いのは、A～Iのどれですか？

A　目標の達成に対する執着ではなく、自分が周囲から好かれることを優先させてしまう。
――自分に割り当てられた仕事（予算など）を達成することが不安な状況であっても、周囲からの新たな指示や要求に応えようとしてしまう。他者から好かれることを、仕事をやりとげることより優先させてしまうことがある。**〈マイナス4点〉**

B　AとCの間。**〈マイナス3点〉**

C　部下のレベルに合わせて、具体的で実現可能な指示が出せている。結果として、部下

の多くが目標を達成している。——割り当てられた仕事を完遂するために必要となる業務を「何を、いつまでに、どういった品質で」というレベルにまで分解し、部下のレベルに合わせて実行可能なアクションとして指示することができている。限られたリソースを考えた上で、仕事の完遂に障害となるような上司も含めた周囲からの要求については、断ることができている。**〈マイナス2点〉**

D　CとEの間。**〈マイナス1点〉**

E　**達成が難しいと感じられる目標であっても、個々の部下の力量に合った仕事の割り振りをして、やり遂げている。**——周囲からは難易度が高いと思われているミッションであっても、マイルストーンやKPIを設定しながら、それを達成するための具体的なアクションに落とし込み、部下の能力に応じて達成可能なアクションを振り分け、難易度が高いとされるミッションを完遂できている。**〈0点〉**

F　EとGの間。**〈1点〉**

G　**自分のチームの目標は、上長の期待を上回るレベルで自ら設定している。それを、部下の潜在能力を引き出しながら、達成している。**――上長からの指示を待つのではなく、組織全体（全社）の計画を実現するために必要となるミッションを自ら企画し、上長を説得することで、そのミッションを自分のものとし、部下の潜在能力を存分に発揮させながら、それを完遂している。〈2点〉

H　GとIの間。〈3点〉

I　**上司から頼まれて、自分のチームだけでなく、部や事業部などの計画策定を引き受けることが多い。**――組織全体（全社）の計画策定において、職責を超えて、中心的な役割を担っている。組織全体を成長させるキーマンとして、組織内で認知されている。財務会計の基本的な知識を習得しており、組織の財務諸表を定期的に読んでいる。将来の経営者候補として、特別な教育訓練にも参加している。〈4点〉

機能 3 報告を引き出し、報告する＝現場情報の翻訳

部門長として合理的な判断を下せるよう「部下から報告を引き出す」ために求められるスキルは、次の3つの項目によって評価することができます。

【課長の条件⑬】

ホウレンソウの徹底が組織内に浸透している

まず、自分の部下たちが、ホウレンソウ（報告、連絡、相談）という言葉を理解し、重視していることが前提です。

報告は、日報や週報、月報という定例的なものに頼るのもよいでしょう。連絡は、主に各種スケジュールの共有になります。

そして、最も重要なのは相談です。部下から課長に対する相談だけでなく、部署内の先

輩後輩の間で、しっかりと相談する、される関係ができていることが重要です。

［課長の条件⑭］
報告を待つのではなく、部下のところに情報を取りに行く態度をとる

第2章「部下を守り安心させる」（101ページ）でも述べましたが、悪い情報というのは、必ず隠されます。それをいちいち怒ったりせず、そういうものと割り切って、自ら部下のところに足を運び、悪い情報を探し求めるようにしましょう。

このとき、部下との間に信頼関係ができていれば、このプロセスがずっと楽になるのは言うまでもありません。

［課長の条件⑮］
部下が報告している事柄が、「事実」なのか「意見」なのかを常に気にする

多くの報告は、部下の「意見」です。それは、ビジネス経験にも、スキルにも乏しい人材によるものですから、あまりあてになりません。「調子がいい」といった話も、具体的に

なにがどうなっているのかという「事実」を把握しなければなりません。

部下によるビジネス環境の解釈に頼ってはいけません。あくまでも「事実」をおいかけ、その解釈は課長である自分が行うべきことです。

＊　＊　＊

上長である経営者や部長が合理的な判断を下せるよう「適切な報告」をするために必要となるスキルは、次の3つの項目によって評価することができます。

【課長の条件⑯】
いかなる物事も測定し、グラフや図として報告する習慣がある

経営の世界では「測定できないことは、管理できない」と言われます。定性的なことも重要ですが、それはあくまでも定量的なことの「補完」であるべきです。

定量的に報告するスキルが上がると、自分が作成した資料が、そのまま株主総会での資料になったり、意図しないところで参照されたりするようになります。結果として、組織内での政治力の向上にもつながるでしょう。

［課長の条件⑰］

経営層が把握すべき指標（KPI）を理解し、最新の数値を記憶し、必要に応じてアラートを出せる

経営にも健康診断のようなものがあります。実際の健康診断で、血圧や体重を測定することに意味があるように、経営においても、様々な数値をKPI（Key Performance Indicator=重要業績評価指標）として測定し、モニターし、異常値は即座に上司に報告することが重要です。

そもそも、どういう数値をKPIとして測定すべきなのかというKPIの設計レベルからビジネスを理解することができるかどうかは、課長として活躍できるかどうかの大切な評価ポイントでもあります。

［課長の条件⑱］

経営層にエスカレーションすべき問題と、そうでない問題の切り分けを間違えない

ビジネスにおいて、最も貴重なリソースとは「時間」です。特に経営層ともなれば、時

間的余裕は全くなく、寸暇を惜しんで、仕事を処理しているのが普通でしょう。

そうした中で、経営層は、部下から「どうでも良いこと」を報告されるのを嫌います。逆に言えば、課長は、経営層が知るべきことと、知らなくても良いことを的確に判断できなければならないのです。

難しいのは、この知るべきことというのは、経営層の人によって異なるという点であり、経営層個々の好みやクセを把握することが求められます。

課長アセスメント

「現場情報の翻訳」のコンピテンシーリスト

問題文：あなたが部下を通して顧客と向き合うスタイルは、A〜Iのどれに近いですか？

A　**部下の仕事の進捗確認やスケジュール管理ができていない。**——部下からの定例報告の機会が設定されていない。部下のスケジュールの中身がチェックされていない。現場で起こっている具体的な課題について、詳細に説明することができない。**〈マイナス4点〉**

B　AとCの間。**〈マイナス3点〉**

C　**部下の時間の使い方を把握しており、頻繁に変更の指示を出している。**——日次、週次、月次といった定例報告を徹底しており、部下のスケジュールの中身（時間の使い方）

について、定期的にフィードバックを行っている。現場で起こっている具体的な課題の全てを、詳細に説明することができる。**〈マイナス2点〉**

D　CとEの間。**〈マイナス1点〉**

E　**チームが抱えている課題がリスト管理されており、改善の進捗確認が定期的に行われている。**――自分が管理する組織における課題をリスト管理（課題管理表など）しており、それぞれの課題解決を部下に割り振り、その進捗管理としての報告を定期的に行わせている。進捗に問題がある課題解決については、遅滞なく上司に報告できている。**〈0点〉**

F　EとGの間。**〈1点〉**

G　**顧客（社内顧客を含む）の課題解決に対して、具体的な成果が出せている。**――自分が管理する組織のみならず、顧客（社内顧客を含む）の課題をリスト管理しており、その解決の進捗を定期的に確認できている。顧客の課題解決に対して、より大きなインパ

クトが出せるように、自分が管理する組織の業務フロー改善を計画し、その進捗を報告させている。〈2点〉

H　GとIの間。〈3点〉

I　**職責を超えて、組織全体の変革をリードしている。**——組織全体（全社）の課題を認識し、組織を超えて社内外の人材を巻き込みながら、組織全体の変革を主導している。職責を超えた非公式な組織を実質的にリードできており、人事権が及ばない範囲の人材からも、必要となる課題解決の進捗を報告させている。**〈4点〉**

機能

4

社内外の個人や組織との連携

まず、社内の他部門と連携し、企業理念や目標の達成に必要な「チームワークを作り出す」ために必要なスキルは、次の3つの項目によって評価することができます。

［課長の条件⑲］

他部門の目標を理解し、その目標達成を積極的にサポートする姿勢がある

立場の異なる人々の目標を理解し、その達成をサポートすることによって、有効な人脈を形成することが可能になります。

人脈とは「自分が大切だと思う誰か」によって形成されるのではなく、「自分のことを大切だと思ってくれる誰か」によって形成されるものです。交換した名刺の数を誇るのではなく、成功を助けた人の数をカウントするようにしましょう。

［課長の条件⑳］

セクショナリズムを嫌い、他部門との意見交換や人材交流を積極的に行う

知的な刺激は、常に異分野からやってきます。

課長の仕事のしかたにしても、現実には多種多様です。自分の現状に満足することなく、さらなる成長を目指し、積極的に異分野から刺激を得るようにしましょう。意図しない形で新しい仕事が生まれたり、新たなキーマンとつながったりするのを体験すると、これはもう、やめられなくなります。

［課長の条件㉑］

部門をまたがる組織横断プロジェクトで、リーダーシップを取ることができる

この能力の有無が、経営層にまで行ける課長と、そうでない課長を分けることになります。

なによりも、自分のなじみのない分野についてマネジメントして、成果を出すという経

験は貴重です。それは、他者を信頼し、他者の力を引き出すことに注力する方法を学ぶということだからです。

人間はときに愚かですが、多くの場合、信頼に足る力を持っています。だからこそ生命の長い歴史における自然淘汰を生き残り、現代という時代を生きているわけですから。

＊＊＊

次に、組織外の個人や組織と連携し、「双方の利害を調整」しつつ、組織理念を達成するために求められるスキルは、次の3つの項目によって評価することができます。

［課長の条件㉒］
組織の代表として、組織外の目から見て恥ずかしくない対応が取れる

品格とマナーに関することです。

課長の権威づけについては、第4章の「ベテラン係長」への対応（241ページ）でも述べましたが、同じことが、組織レベルでも言えるわけです。小さくても信頼される組織もあれば、大きくても軽蔑される組織もあります。それは、その組織を構成する一人一人の人材によってしか形成され得ないブランドです。その驚くべきパワーに配慮しなければな

りません。

［課長の条件㉓］

利害が対立する現実から目を背けずに、交渉すべきときはどこまでも交渉する強さがある

特に外資系企業や、外国人との対応において差の出るスキルです。

世界的には、きちんと交渉できるかどうかは、大人として認められるための必要条件です。もちろん、おくゆかしい日本的な価値観のすべてを否定する必要はなく、それはそれで大切です。

ただ、異国の文化との接触が増えていく今後は、ビジネスにおいては、交渉力を高めていかなければならないでしょう。

［課長の条件㉔］

守秘義務やコンプライアンスなど、組織外の人々と連携するときに必要な法務規定を遵守できる

特にアジア圏では、ルールを遵守する意識が薄く、様々な物事を独自に判断する傾向があります。しかし、全体がそうだからといって、自分もそうした流れにつかまってしまうと、最終的には足下をすくわれることにもなるでしょう。

世界にはルールがあり、ビジネスも長期的にはそうしたルールの中でしか存在し得ません。「他の人もそうしているから」というのは、経営レベルでは、判断の基準として採用されることはありません。面倒に感じられても、ルールに慣れることが重要です。

課長アセスメント

「個人や組織との連携」のコンピテンシーリスト

問題文：あなたの「人脈」「人付き合いのスタイル」は、A〜Iのどれに近いですか？

A **正直なところ、私は人脈が狭いと思う。**――ほとんど常に、決まったメンバーとしか会話をすることがない。「初めまして」という挨拶をすることがほとんどない。名刺の交換（オンラインの場合は連絡先の交換）をする機会の創出に対して受け身であり、自ら積極的に人脈を広げようとしていない。**〈マイナス4点〉**

B AとCの間。**〈マイナス3点〉**

C **これまで縁が浅かった分野の人に、意図的に会うようにしている。**――少なくとも週1度は名刺の交換（オンラインの場合は連絡先の交換）をしている。名刺の交換（オンラインの場合は連絡先の交換）をする機会の創出に積極的であり、自分なりに意識して新しい人脈の構築を進めている。**〈マイナス2点〉**

D　CとEの間。**〈マイナス1点〉**

E　**役員や本部長クラスの人たちから頻繁に相談を受ける。**――自分の専門領域において、組織内でトップクラスの信頼を受けており、職責を超えて、経営者を含めた組織内の人材から、様々な相談を受けている。社内勉強会などで、事情通として講師として呼ばれたり、頼りにされたりすることが多い。**〈0点〉**

F　EとGの間。**〈1点〉**

G　**メディア露出や社外での講演を行うことがけっこうある。**――自分の専門領域において、業界内でトップクラスの信頼を受けており、業界メディアなどから頻繁にインタビューを受けたり、連載の執筆を依頼されたり、イベントへの登壇を依頼されたりしている。事情通として、社内はもちろん、社外の人材からも多くの質問を受けてい

る。**〈2点〉**

H Gと**I**の間。**〈3点〉**

I **社外から、顧問やコンサルティングを依頼されることが多い。**――自分が所属する組織の枠を超えて、組織横断的なコンソーシアムやプロジェクトにおいて、リーダーシップを発揮している。結果として、業界全体の発展に対して大きなインパクトを出している。社外から、顧問やコンサルティングを依頼されることも多い。**〈4点〉**

機能 5
部下育成と業務効率向上＝組織力の強化

まず、組織を形作る「部下の育成」に求められるスキルは、次の3つの項目によって評価することができます。

［課長の条件㉕］
部下のキャリア観を理解しつつ、部下のキャリア形成を積極的にサポートしている

部下一人一人のキャリア観について、理解しているでしょうか。

誰もが、課長であるあなたと同じようなキャリア観を持っているわけではありません。介護や家族の問題、健康問題などを抱えて、昇進を望まないケースも少なくありません。

しかし、課長は部下が幸せなキャリアを歩むために、最大限のサポートをしなければなりません。特に、部下がなにかをあきらめようとしているときは、簡単にそれを認めず、

できることを一緒に考えてやる必要があります。

[課長の条件㉖]
「雑談」「対話」「議論」の違いを理解し、意識して部下と「対話」の機会を持っている

「雑談」とは、軽い話を、軽い雰囲気の中で行うことです。飲み会のような場面で行われるコミュニケーションで、ガス抜きなどには有効ですが、人材の育成にはなりません。

「議論」とは、重い話を、重い雰囲気の中で行うことです。仕事の現場で必要なことですが、どうしても話題は目先のことになりがちです。

「対話」とは、「雑談」や「議論」とは異なり、重い話を、軽い雰囲気の中で行うことです。そもそも論になることが多く、長期的に人材を育成するために有効とされています。本書でも取り上げたオフサイト・ミーティング（148ページ）によって生み出せるコミュニケーションでもあります。

［課長の条件㉗］

自分自身も、さらなる高みに向けて常に学習を心がけている

部下は、課長の背中を見て育ちます。ここで、課長に期待されるのは、ラーニング・リーダーシップです。どの部下よりも多く学び、積極的に多様な経験を得ようとする態度を見せることが、部下の育成にとって最も有効です。

たとえば、自分の部署には海外の仕事がないとしても「いつかは必要になるから」と、週末などを利用して、アジア各国をビジネス視察して回るといった行動をしている課長の部下は、「自分には英語は必要ない」などとは言わないでしょう。

＊＊＊

最後に、組織全体のパフォーマンスを高めるための「業務効率の向上」に求められるスキルは、次の3つの項目によって評価することができます。

［課長の条件㉘］

組織内に高い就業倫理観を醸成し、一般的には高いレベルの仕事でも「当たり前」と判断する

「朱に交われば赤くなる」ということは、ミラーニューロンという脳内物質の発見で、その正しさが証明されました。部下を育てるのは、その部署の周囲における人材なのです。部署内で高いレベルの仕事が「当たり前」になされていれば、皆が成長していきます。自分の部署を、組織内で最も学習するコミュニティにまで高めることができれば、あなたのキャリアが課長で終わることはないでしょう。

［課長の条件㉙］ノウハウを溜め込むような態度は認めず、ノウハウを組織内で効率的にシェアしている

貴重なノウハウ（情報）は、お金以上に価値があるものです。ですから、組織内において、自分のところにノウハウを溜め込めば、自分の立場は（短期的には）安泰になります。人間は、潜在的にこれを理解しています。だからこそ、何も手を打たなければ、部下も貴重なノウハウを自分の中に溜め込むようになります。

しかしこれは、組織の成功よりも自分の成功を優先させる態度です。結果として、そう

した人材は長期的にはリーダーとして周囲の信頼を集めることはできないでしょう。部署も弱くなります。特にキーマンとつながるには、ノウハウを共有しなければならないことは、第3章の社内政治のところ（179ページ）で考えたとおりです。

［課長の条件㉚］
なんとなく理解していること（暗黙知）を、言語化（形式知化）することに価値を置く

暗黙知とは、容易には言葉にしにくい知識のことです。こうした知識は、そのすべてを言語化することはできませんが、それをあきらめてはいけません。なぜなら、あらゆる知識は、形式知となってこそ、広く共有して、組織全体を強くするためのマニュアルとして活用することができるからです。

本書も、活躍している課長であれば、誰もが暗黙知として理解していることを、形式知としてまとめたものです。

課長アセスメント

「組織力の強化」のコンピテンシーリスト

問題文：あなたの「部下育成」のスタイルは、A～Iのどれに近いですか？

A　正直、部下を「育てる」なんて不可能だと思っている。——それぞれの部下に関する育成計画がない。部下のキャリア開発に関して、部下自身がどうなっていきたいと考えているかを認識していない。部下から感謝されることが少ない。**〈マイナス4点〉**

B　AとCの間。**〈マイナス3点〉**

C　個々の部下の特性を理解した上で育成計画をたて、実行している。——それぞれの部下に関してwill（やりたいこと）、can（できること）、must（やるべきこと）を前提に育成計画を策定し、進捗を確認しながら、具体的な学習支援を行っている。部下からキャリ

ア相談をされることがある。**〈マイナス2点〉**

D　CとDの間。**〈マイナス1点〉**

E　**部下の育成計画が達成されている。**——部下の育成計画を達成するため、意識して、部下のために「振り返り」の機会を定期的に設けている。失敗はもちろん、成功においても、その理由を考えさせ、次に同じことを実施する場合はどうするか、行動変容のための新しい働き方を定義している。**〈0点〉**

F　EとGの間。**〈1点〉**

G　**部下への仕事の割り振りは「慣れ」や「得手不得手」ではなく、育成計画の達成を意識して行っている。**——単純に、特定の業務に最も習熟している部下に対してその業務を割り振るのではなく、それぞれの部下の育成計画に照らして、教育効果が高いと考えられるチャレンジングなミッションを割り振ることができている。**〈2点〉**

H　GとIの間。〈3点〉

I　**組織内外の多くの人から、キャリア相談がくる。他部署のマネジャーから、部下育成の相談がくる。**——部下育成の成果が周囲に広く認められており、組織内外の部下育成に関して多くの助言をしている。人材育成の基礎的な理論を常に勉強しており、新しい理論を現場で試してみる実験を日常的に行っている。キャリア相談や部下育成の相談がくることが多い。〈4点〉

COLUMN

「伝える」という絶対

私たちには、家族や親友のように、とても大切な人々がいます。そこには優先順位などつけがたく、とにかく、少しでも多くの時間を、そうした大切な人々と過ごしたいと考えています。

しかし、生きていくことの難しいところは、そのような大切な人々との時間が、仕事や勉強に奪われてしまうことです。また、たとえ仕事や勉強の時間によってではなくとも、家族や親友の数が増えてくると、その全員と、それぞれに濃密な時間を過ごすということも不可能になっていきます。

こうした、大切な人々との時間がバラバラになり、かつ、短時間化していくということは、多くの人を苦しめています。で、ここからが重要なところですが、この苦しみを解消するのは、単純に、時間配分を変更することではなさそうだ、ということです。

ある日、私は、マグロ漁船の出港を見送る人々の中にいました。

マグロ漁船は、一度漁に出ると、1年以上もの間、出港した港に帰港することはありません。つまりマグロ漁船に乗船するということは、長期間にわたって愛する家族や親友と会うことができないということです。

私は、マグロ漁船の出港、すなわち「お別れ」の瞬間に立ち会いました。そこで見た、今まさに運命によってバラバラにされようとしている人々の姿は、私の予想を裏切って、決して悲壮なものには感じられなかったのです。当然、別れを悲しんでいるとは思うのですが、なんというか、とても幸せそうに見えました。

船上で準備に余念のない、力強くかっこいいお父さんたち。見送りにやってきた多くのご家族、ご友人たちの笑顔。美しく風に流されていく紙テープの束。そして、そこにいる皆を勇気づける、メガホンを通した別れのスピーチ……。

もちろん、仕事や勉強が忙しくて、大切な人と過ごす時間が少ないということ自体は、良いことではありません。特に、そうした大切な人々が病気や困難を前にして弱っているときは、できるかぎりの時間を、大切な人々のために割くべきでしょう。

だからといって、ただ仕事や勉強をやめて、そのような大切な人々と「常に」一緒にいる状態が理想的かというと、そうでもなさそうです。定年退職後の夫婦生活というのが、必ずしもハッピーなものばかりとは言えないあたりに、このヒントがあるように思います。

何がポイントなのかと言うと、それは、自分が相手のことを、とても大切に思っていることを「伝える」ということだと思います。いくら一緒の時間を過ごしてはいても、喧嘩ばかりしていては意味がありません。お互いのことをお互いが大切に思っていることが相互に伝わらなければ、一緒にいたとしても、かえって苦しむことになります。

逆に一緒にいられる時間は短くても、相手のことを大切に思っていることを、双方が伝えられているなら、人間はそれぞれ、元気に生きていけると思います。

大切な人々との時間がバラバラになり、かつ、短時間化していくことに苦しんでいるなら、まずは、その苦しみ自体を、ストレートに相手に伝えるべきだと思います。その苦しみ自体が、自分が相手のことを大切に思っているという本心を示しています。だから、お互いにその苦しみを伝えあうだけでも、苦しみそのものが減るのを実感できるはずです。

私がマグロ漁船の出港に見たのは、皆が、誰かを本気で愛しているという事実でした。別れに際して、人々が、お互いの苦しみに深い共感を示し合うという奇跡の瞬間です。

そんなわけで、今の私は「あなたのことが、自分にとって、とても大切です」というメッセージを発信し、相手にそれを理解してもらうことのほうが、ただ一緒に過ごす時間を長くすることよりも、ずっと重要だと考えているわけです。

旧版あとがき

就職活動をしていた頃、OB訪問で伊藤忠商事の課長にお目にかかったことがありました。私は本書を執筆している間、その課長のことを不思議と何度も思い出していたのです。

時間に遅れることを極度に恐れる私は、待ち合わせ場所には常に1時間ぐらい前に着いてしまう性質なので、このOB訪問の当日も、待ち合わせに指定された場所に慣れないスーツを着て、待ち合わせの時間からは随分と前から立っていました。

今でも私の座右の書である『ビジネスマンの父より息子への30通の手紙』（キングスレイ・ウォード著、城山三郎訳、新潮社）を読みながら、まだお会いしたこともない課長の姿を想像して緊張していたことをよく覚えています。

愉快なことに、その課長も待ち合わせの時間よりもずっと早く到着されました。そしてすぐに、私の読んでいた『ビジネスマンの父より息子への30通の手紙』に気がつかれ、カチカチになっていた私の緊張を解くべく、この素晴らしい本の内容に関する考察とからめて、私に伊藤忠商事でのエキサイティングな仕事、当時の私には雲の上の話をしてくれたのです。学生だった私にもまったく偉ぶることのない、大変気持ちの良い課長でした。

残念ながらご縁がなく、私は伊藤忠商事の一員となることがなかったばかりか、今ではその課長のお名前すら覚えていないのですが、もし届くのであれば本書がその方の手に渡ることを願って止みません。

あの当時の課長と同じぐらいの年代に達しつつある私は、あのときの課長を心のどこかでずっと目標としてきたことに今やっと気がついたからです。

本書は、私にはまさに完璧と思われたあの当時の課長に対して、生意気にも仕事のやり方に関するアドバイスをするつもりで書いていたのです(もちろん今ではその課長はきっと出世され、私には到底届かないさらなる高みにまで到達されていることでしょうから、これは時間的にねじれた挑戦状なわけですが)。

貴重なお話をうかがいその課長と別れた後、まだ内定をもらったわけでもないにもかかわらず「いよいよキングスレイ・ウォードを驚かせるようなビジネスマンになるのだ」という抑えきれない興奮でもって、腕をフリフリ大股で歩いたあの外苑の並木道は、なんとこうしてオランダに続いていたのです。

自分の将来がどうなるかなんて、そうそう読めないものですね。確かな予測があるとすれば、それは「予測は常に間違う」ということでしょうか。

我々の生きる現代という時代は、手本とすべき理想的な人物に出会うことが難しいという意味で、他の時代とは大きく異なる特殊な時代です。

ところが私は非常に運が良く、この伊藤忠商事の課長以降も、多くの尊敬できる先輩や後輩に出会うことができました。それと同時に、部下が病気で入院しても見舞いにすら行かないような上司が存在することも、同じこの目で見てきました。

そんな出会いの中でも特別に強烈だったのは、ビジネススクール時代に出会った教授とクラスメートたちです。皆がそれぞれ異なる使命感に燃え、自らの社会貢献を最大化させようという意気込みを隠さない人々でした。私にとってそんな仲間たちとともに経営学を学んだことは、大変な財産となっています。

私は本書の基調となる部分において、そんなビジネススクールで学んだ経営学上の重要な議論を多く反映させています。その中には、学問として科学的に正しく証明されているかというと非常に疑問のあるものもあります。

そもそも経営学というのは他の科学のようにデータを解析することから理論を導き出す学問として成立しうるのかに関して、少なからぬ人が異論を持っているものです。

学部では理系の学科を卒業した私としても、この点は、経営学を信頼していない部分もあります。ある意味、机上の空論にすらなっていないと感じることもあるほどです。

実際、経営学というのは現実の企業で起こっていることを研究する学問なのですが、日々進化している企業にもぐりこんでデータを集め、何らかの仮説を証明していくというのは、実務的にとても困難な作業なわけです。

経営学が少しは学問として認められるようになったのは、やはりハーバード大学の戦略の大家マイケル・ポーター教授（経済学者）の出現によるところが大きいと思われます。

では、経営学が学問として少しでも怪しいものであれば、それだけで経営学の意味が失われてしまうのでしょうか。私はそうは思いません。

経営学というのは、経済学、会計学や商学、哲学、心理学や法学、社会学や政治学など、数多くの学問分野を横断的に網羅しつつ、研究者たちが集めてきた企業の実例調査などを加えて曖昧に成立しているものであり、何をもってして経営学と呼ぶのかはいまだに不明なところがあります。

そんな経営学の面白さは、一見すると何の関係もなさそうな学問分野の間に強烈な結びつきを感じる瞬間にこそあります。複数の分野が通底しているということは、それぞれの分野からさらに一歩もぐったより深い部分に、もっと根本的な真理が存在するということを暗示しているからです。

私は、このようにして経営学が明らかにしつつある基本的な真理とは、人間そのものに関する原理なのではないかと考えています。

我々人間は、その歴史の始まりから経済活動を通して世界と関わっています。人間は経済活動をどんどん活性化させる一方で、人間の尊厳というものをそれこそ歴史の始まりからずっと軽んじてきたのです。

ところが現代の経営学は、人間をあたかも機械として扱うレベルを抜け出すことに成功しつつあるように見えます。

時代は厳しさを増していますが、それでも優れた経済活動とは、今や人間の幸せと無関係ではありえないのです。所詮は金儲けのための学問なのかもしれませんが、人間の本質と金が無関係のはずもありません。

人間を相当深く理解することなしに金儲けはできないほど、世界の競争が激化しつつあることが、経営学をより人間学に近いものにさせ、限りなく面白くしているとも言えます。良い人間であることと、良いビジネスパーソンであることの違いが小さなものになりつつある――、これは日本の資本主義経済の父とも呼ばれる、第一級の人物、渋沢栄一が理想として説いたところでもありました。

本書が、読者がビジネスパーソンであることを誇りに思う小さなきっかけになることを願っています。読者がまずは課長として、そして近い将来、この地球規模の大変革をワクワクしながら乗り越える経営者として大活躍されることを心よりお祈り致します。

酒井穣

第2版あとがき

必死になって、目の前の仕事に取り組むとき、私たちには充実感が与えられます。たとえば、こちらのスタンスを「白」としましょう。しかし同時に、そうした日々の仕事を「まるで意味のないこと」という具合に切り捨てようとする自分もいます。こちらのスタンスを「黒」とします。

まず、ただひたすらに「白」で生きるような状態は、自分の人生に疑問を持たないということでもあり、きつくいえばバカです。だからということで、無理やり暗い文学に浸るような「黒」だけで生きるのは、たった一度の人生がもったいないでしょう。こちらも、バカと言わざるを得ません。

では、白と黒を合わせて「灰色」で生きればよいのかというと、それも違います。「灰色」であるということは、ウジウジと悩みながら仕事をするということであり、それでは仕事の成果がでるはずもありません。成果の出ない仕事を楽しめる人間などいませんから、こうした「灰色」はいずれ「黒」に近づいていくでしょう。これまたバカというわけです。思想家の浅田彰は、26歳のときの著作で、次のように述べています。

> 対象と深くかかわり全面的に没入すると同時に、対象を容赦なく突き放し切って捨てること。同化と異化のこの鋭い緊張こそ、真に知と呼ぶに値するすぐれてクリティカルな体験の境地であることは、いまさら言うまでもない。簡単に言ってしまえば、シラケつつノリ、ノリつつシラケること、これである。
>
> 浅田彰『構造と力』(勁草書房)

まず私たちは、仕事であれ勉強であれ、目の前にあるものごとに全面的に没入する必要があります。つまり「白(ノリ)」であることを否定して、生きていくことはできないわけです。しっかりやることから逃げて、人生はないということです。

しかし同時に、私たちは、そうした自らを否定できるだけの「黒(シラケ)」を抱えていなければ、それはロボットのような人生を生きるということであり、人間として成長していくことはできないように思います。浅田彰は、このように、白と黒を混ぜることなく合わせ持ち、その緊張の中にあることを「知」と呼んだのです。なんと優れた洞察でしょう。

私は最近、この洞察に、ちょっとした追加をしています。それは、このような白黒は、より高次の白黒を得ることでしか解消できないということです。

センスや運、一夜漬けで勝利を手にしてきた人間は勝負弱い。僕はこれまで頭の回転が速く、要領が良く、勢いに乗っていると思われる人間と何度も戦ってきたが、ただの一度も負ける気はしなかった。それはなぜか。彼らと僕とでは迷ってきた量が圧倒的に違うからだ。

梅原大吾『勝ち続ける意志力』(小学館新書)

学校は楽しい(白)という気持ちと、学校なんて行きたくない(黒)という気持ちは、どちらも真実でしょう。ですから、学校は通うに値するかということについて白黒をつけてしまうことは「知」とは言えません。

しかし私たちは学校を卒業し、あらたに、仕事をしっかりこなそう(白)という気持ちと、こんな仕事はつまらない(黒)という気持ちの緊張を得ることになります。このとき、学校は通うに値するかという緊張が終わっていることが面白いです。

さらに仕事のスケールが大きくなっていくにつれて、過去の低次元な緊張はどうでも良くなります。より解消の難しい白黒の緊張が得られるからです。自分がお茶を出すべきか、そんな仕事は自分の仕事ではないとつっぱねるべきか。売れなくてもやるべきか、売れないから止めるべきか。従業員に高い給与を出すべきか、人件費を抑えて利益を確保すべきか。自社の利益を優先させるべきか、困っている人々を助けるべきか……。

こうした白黒のはざまで緊張を感じながら生きること、そして緊張そのものをより高次なものとしていくことが、人間として成長していくということなのではないでしょうか。

これと同じことを表現した言葉に「清濁併《せいだくあわ》せ呑《の》む」というものがあります。これは、清濁を「混ぜて」飲むという意味ではありません。本来は、清流も濁流も、どちらも受け止める海のありかたを表現した言葉です。

人間のすごさは、清濁併せ呑む海のように、白黒の矛盾をそのままに受け止めることができることです。白と黒をそれぞれ丁寧に掘り下げて、その緊張に眉を曇らせる姿こそ、人間なのです。

一切の決断をするなということではありません。ただ言いたいのは、安易に白黒の決着をつけたくなるとき（緊張から逃げたくなるとき）こそ、私たちは「知」とはなにか思い出してみるべきだということです。

課長とは、現場と経営のはざまにある「灰色」ではありません。その「白」と「黒」の中間で常に思い悩む、組織の「知」なのです。

組織において、課長の重要性が失われるとき、その組織からは「知」が失われるのだと思います。だからこそ、私は課長に注目するのだし、課長にかぎらず、こうした葛藤の最中にある人々にこそ、強い共感と愛着を感じます。

＊　＊　＊

さて、旧版の執筆から、ちょうど6年の月日が流れました。こうして、新版の執筆を終えた今、私は6年という月日の重さを振り返っています。時の流れは驚くほどに早く、まるで一瞬のことです。同時に、6年もあれば、自分のキャリアは、想像を超えて大きく変化するものだと思い知らされます。

永住も考えていたオランダから帰国し、日本で経営者としての仕事をし、NPOの経営にも関わり、ビジネススクールの客員教授となり、そして起業をしています。さらにこの間、それぞれにテーマの異なる11冊の本を世に送り出すことができました。

これに対して、幸い、本書の内容は、その本筋において、旧版から大きく変える必要はありませんでした。私自身のキャリアが大きく変わっても、本書の内容は、私なりの課長論として、完成されていたからです。

ただ、少しだけ変わったところがあります。それは、「課長こそがあらゆる組織の要である」という意識を、6年前よりもずっと強くしているということです。

とはいえ、本書に示したことは、あくまでも私の持論であり、絶対的な真理だと言いたいわけではありません。むしろ読者の皆様には、本書を批判的に読んでいただくことで、皆様なりの課長論を完成させていただくことを望んでおります。

世界が、その向かうべき方向を失ってしまったかのように思われる今、私たち一人ひとりが、それぞれの理想を打ち立てる必要があると思います。そして、そうした理想を現実のものとしようと勇気を出して動き出したとき、あらためて課長のような存在の重要性が思い出されるはずです。

そのときにまた、本書が、読者の皆様のお役に立てるとするなら、筆者としてこれ以上の喜びはありません。

酒井 穣

第３版あとがき

本書の初版が出版されたのは２００８年2月のことでした。運の良いことに、発売後すぐ10万部を超えるベストセラーとなりました。韓国、台湾、中国でも翻訳出版され、広く読まれるビジネス書の仲間入りを果たしました。

この初版発売から6年後、２０１４年3月には第2版（新版）を出版することができました。嬉しいことに第2版も増刷を重ね、長く、広く読まれるビジネス書となりました。そしてこうして、初版から15年後の今、第3版を世に送り出そうとしています。

15年という期間、私にも様々なことがありました。オランダから帰国し、上場しているＩＴ企業にて取締役となり、東日本大震災の復興支援に関わり、ビジネスケアラー支援の会社を創業し、資金調達を行い、現在はその会社を上場させるべく日々忙しくしております。

この間、多数のコンサルティングにも関わることで、様々な業界・業種の仕事についても知見を深めました。また、ビジネススクールでの教員経験や研修講師としての経験から、本当に多数の人々と関わることができました。

この15年で、とにかく様々な経験をしました。そうした経験を通して、私の考え方や価値観も大きく変化しています。そうした中で、2つ、15年前と全く変わらない考えがあります。ひとつは、あらゆる組織にとって、課長が非常に重要であるということです(もしかしたら、社長よりも重要だと思うことさえあります)。もうひとつは、初版の頃から本書の中でも繰り返し述べてきたことですが、人間性が重要だということです。

今後の世界を考えるとき、人工知能による大規模な失業の発生は、覚悟しないといけません。いろいろな意見があることは承知しておりますが、私の読みでは、人工知能は、これから多くの人の仕事を奪っていきます。そうした厳しい未来において、雇用を守りながら、収益も上げていくことの中心にいるのが、まさに課長なのです。

大変な時代になります。その中で、自分を見失いそうになるとき、課長としての仕事から得られる経験と、優しさにあふれた人間性は、きっとあなたの進むべき道を照らしてくれるものと信じています。

酒井穣

主な参考文献

■ロバート・B・チャルディーニ『影響力の武器』誠信書房
■アブラハム・マズロー『完全なる経営』日本経済新聞出版
■ローラ・ウィットワース『コーチング・バイブル』東洋経済新報社
■沼上幹『組織戦略の考え方　企業経営の健全性のために』ちくま新書
■カール・E・ワイク『組織化の社会心理学』文眞堂
■P・F・ドラッカー『創造する経営者』ダイヤモンド社
■DIAMONDハーバード・ビジネス・レビュー編集部『いかに「問題社員」を管理するか』ダイヤモンド社
■DIAMONDハーバード・ビジネス・レビュー編集部『動機づける力』ダイヤモンド社
■ジェフリー・A・ティモンズ『ベンチャー創造の理論と戦略』ダイヤモンド社
■W・チャン・キム『ブルー・オーシャン戦略　競争のない世界を創造する』ランダムハウス講談社
■森岡孝二『働きすぎの時代』岩波新書
■チャールズ オライリー『隠れた人材価値』翔泳社
■ジョセフ・L・バダラッコ『静かなリーダーシップ』翔泳社
■ダニエル・ピンク『ハイ・コンセプト「新しいこと」を考え出す人の時代』三笠書房
■マーカス・バッキンガム『最高のリーダー、マネジャーがいつも考えているたったひとつのこと』日本経済新聞出版
■野中郁次郎、竹内弘高『知識創造企業』東洋経済新報社
■野中郁次郎、勝見明『イノベーションの本質』日経ＢＰ社
■M・チクセントミハイ『楽しみの社会学』新思索社

第3版　はじめての課長の教科書

発行日　2024年2月23日　第1刷

Author　酒井穣

Book Designer　tobufune　小口翔平＋畑中茜＋村上佑佳（装丁・本文）
小林祐司（図版）

Publication　株式会社ディスカヴァー・トゥエンティワン
〒102-0093　東京都千代田区平河町2-16-1 平河町森タワー11F
TEL　03-3237-8321（代表）03-3237-8345（営業）
FAX　03-3237-8323　https://d21.co.jp/

Publisher　谷口奈緒美
Editor　原典宏

Distribution Company　飯田智樹　古矢薫　山中麻吏　佐藤昌幸　青木翔平　磯部隆　小田木もも　廣内悠理　松ノ下直輝　山田諭志　鈴木雄大　藤井多穂子　伊藤香　鈴木洋子

Online Store & Rights Company　川島理　庄司知世　杉田彰子　阿知波淳平　王廳　大﨑双葉　近江花渚　仙田彩歌　滝口景太郎　田山礼真　宮田有利子　三輪真也　古川菜津子　中島美保　厚見アレックス太郎　石橋佐知子　金野美穂　陳鋭　西村亜希子

Product Management Company　大山聡子　大竹朝子　藤田浩芳　三谷祐一　小関勝則　千葉正幸　伊東佑真　榎本明日香　大田原恵美　小石亜季　志摩麻衣　野﨑竜海　野中保奈美　野村美空　橋本莉奈　星野悠果　牧野類　村尾純司　安永姫菜　斎藤悠人　中澤泰宏　浅野目七重　神日登美　波塚みなみ　林佳菜

Digital Solution & Production Company　大星多聞　中島俊平　馮東平　森谷真一　青木涼馬　宇賀神実　小野航平　佐藤淳基　舘瑞恵　津野主揮　中西花　西川なつか　林秀樹　林秀規　元木優子　福田章平　小山怜那　千葉潤子　藤井かおり　町田加奈子

Headquarters　蛯原昇　田中亜紀　井筒浩　井上竜之介　奥田千晶　久保裕子　副島杏南　福永友紀　八木眸　池田望　齋藤朋子　高原未来子　俵敬子　宮下祥子　伊藤由美　丸山香織

Proofreader　文字工房燦光
DTP　株式会社RUHIA
Printing　中央精版印刷株式会社

ISBN978-4-7993-3016-6
DAI3HAN HAJIMETE NO KATYOU NO KYOUKASYO by Joe Sakai